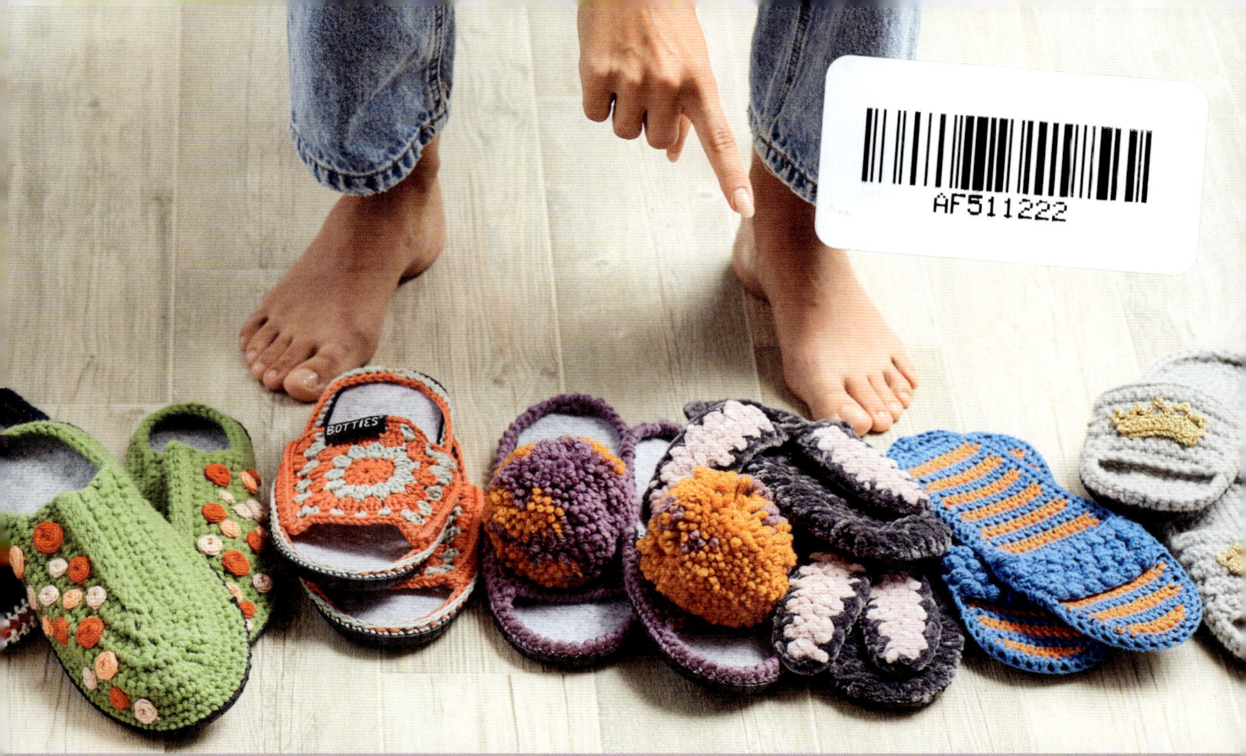

Hausschuhe, Pantoletten und Sandaletten selbst häkeln? Hört sich kompliziert an, ist es aber gar nicht. Mit dickem Garn, einer Häkelnadel und modernen Botties®-BASIC EDITION-Sohlen wird tatsächlich im Handumdrehen ein Schuh draus.

Botties®-BASIC EDITION-Sohlen bestehen aus recycelbarem Kunststoff, sind rutschfest, flexibel, wasserdicht und können sogar bei 60 °C in der Maschine gewaschen werden. Der Rand ist mit einer Lochung versehen, die behäkelt werden kann. Die Einlegesohlen aus Filz bieten einen angenehm weichen Laufkomfort und gut temperierte Füße zu jeder Jahreszeit.

Häkeln Sie für jeden Fuß und jeden Geschmack individuelle Schläppchen: Für kleine und große Prinzessinnen und Prinzen vielleicht die Variante mit den Krönchen, für Kuschelfans die Hasenpuschen und für Glitzerfreunde die Sandaletten mit Bändchen.

Haben Sie ganz viel Freude beim Nachhäkeln

Brigitte [illegible]

Pompons gehen immer

coole Statement-Schlappen

GRÖSSE

37-38/39-40/41-42

Die Angaben für die verschiedenen Größen sind durch Schrägstriche getrennt. Steht nur eine Angabe, gilt diese für alle Größen.

Das Modell ist in Größe 41-42 gearbeitet.

MATERIAL

- Woll Butt Ida Uni (LL 60 m/ 50 g) in Pflaume (Fb 102.81) und Curry (Fb 271.71), je 50 g
- Häkelnadel 5,0 mm
- 1 Paar Botties® BASIC EDITION
- Pomponmaker, ø 7,5/9/9 cm
- Wollnadel

ggf. zum Häkeln der Null-Runde:

- Häkelnadeln 2,5 mm und 3,5 mm
- Botties® Nullrundengarn in Schwarz, 14 m

MASCHENPROBE

fM in R mit Nd 5,0 mm
13 M und 16 R = 10 cm x 10 cm

Anleitung

Nach der Null-Rd und 1 Rd in Pflaume die Riemchen von hinten aus anhäkeln. Zum Schluss die Pompons anfertigen.

Botties®-Sohle

0. Rd: Die Null-Rd nach der Grundanleitung (siehe „So wird's gemacht") häkeln oder sticken.
In Pflaume in der hinteren Mitte anschlingen.
1. Rd: 70/72/74 fM häkeln. Mit 1 Km schließen.

Riemchen

Von der hinteren Mitte aus beidseitig 16/17/18 M unbehäkelt lassen. An der rechten Seite in der 17./18./19. M in Pflaume neu anschlingen. 14/15/16 Lm anschl, auf der gegenüberliegenden Seite in die 17./18./19. M von außen 1 fM arb. Weiter 1 fM in die nächste Sohlen-M häkeln.
Weiter in R häkeln, dabei nach dem Häkeln der 2 fM in die Sohlen-M stets wenden.
1. R: 2 M überspringen, 14/15/16 fM in die Lm-Kette, 2 fM in die Sohlen-M.
2.-4. R: 2 M überspringen, 14/15/16 fM, 2 fM in die Sohlen-M.
5. R: 2 M überspringen, 2 fM zusammen abmaschen, 10/11/12 fM, 2 fM zusammen abmaschen, 2 fM in die Sohlen-M (= 12/13/14 M).
6.-8. R: 2 M überspringen, 12/13/14 fM, 2 fM in die Sohlen-M.
9. R: 2 M überspringen, 2 fM zusammen abmaschen, 8/9/10 fM, 2 fM zusammen abmaschen, 2 fM in die Sohlen-M (= 10/11/12 M).

Größe 37-38:
Den Faden abschneiden und durch die letzte M ziehen.

Größe 39-40 und 41-42:
10. R: 2 M überspringen, 11/12 fM, 2 fM in die Sohlen-M.
Den Faden abschneiden und durch die letzte M ziehen.
Den 2. Bottie® ebenso häkeln.

Fertigstellen

Über die vordere und hintere Kante in Pflaume jeweils 1 Rd Krebsm häkeln. Die Rd jeweils mit 1 Km schließen. Mit dem Pomponmaker 2 Pompons in Pflaume und Curry herstellen und mittig auf die Riemchen nähen. Nach Belieben die Webetiketten annähen. Die Filzsohlen in die Botties® legen. Alle Fäden vernähen.

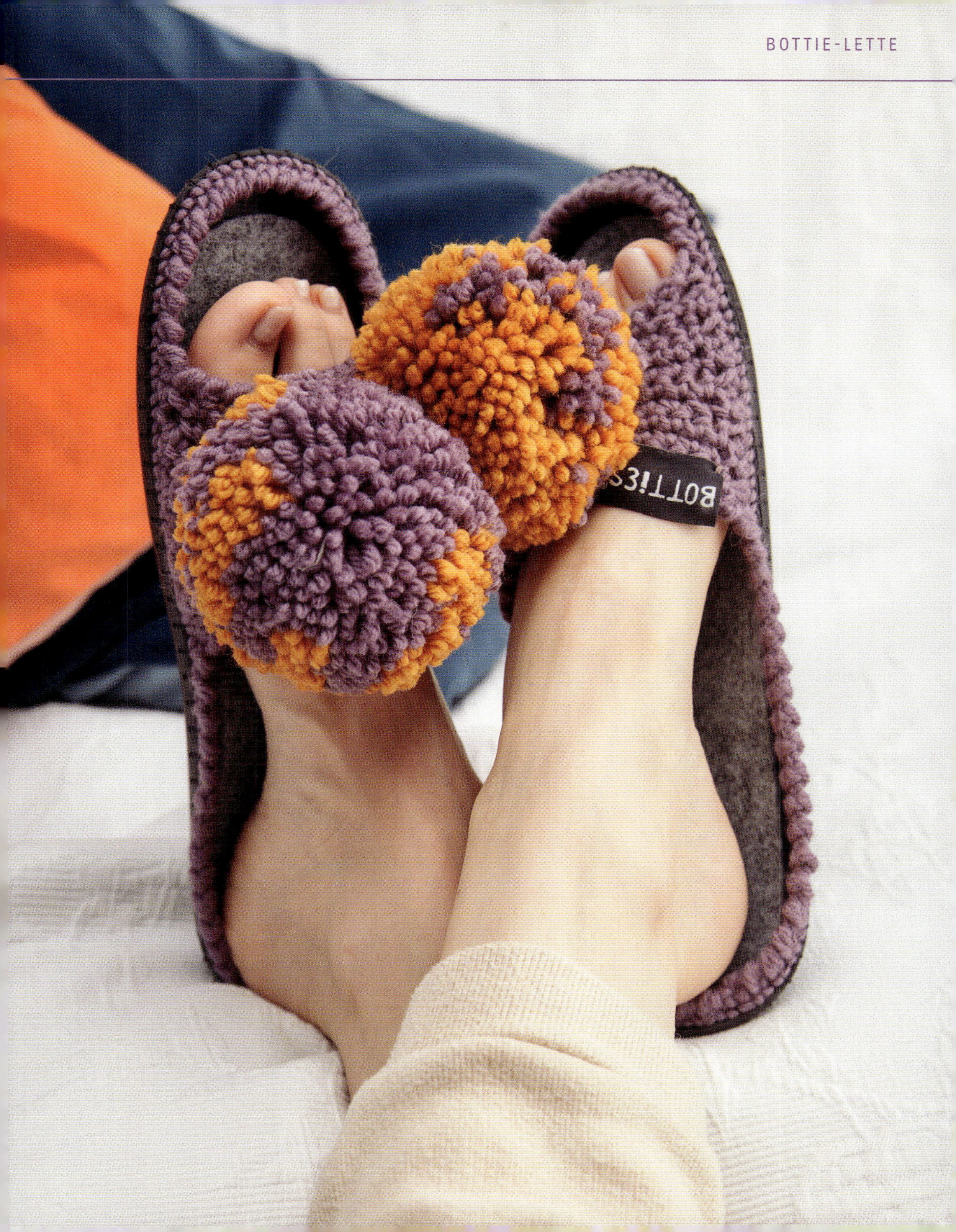
BOTTiES

Ballerina im Glitzerglück

traumhaft hübsch verschnürt

GRÖSSE

37-38/39-40/41-42

Die Angaben für die verschiedenen Größen sind durch Schrägstriche getrennt. Steht nur eine Angabe, gilt diese für alle Größen.

Das Modell ist in Größe 39-40 gearbeitet.

MATERIAL

- Woll Butt Primo Linda Uni (LL 98 m/50 g) in Rot (Fb 101.510), 50 g
- Anchor Metallic (LL 100 m/ 25 g) in Gold (Fb 300), 25 g
- Häkelnadeln 3,5 und 4,0 mm
- 1 Paar Botties® BASIC EDITION
- Wollnadel

ggf. zum Häkeln der Null-Runde:

- Häkelnadel 2,5 mm
- Botties® Nullrundengarn in Schwarz, 14 m

MASCHENPROBE

fM in R mit Nd 3,5 mm
19 M und 22 R = 10 cm x 10 cm

Anleitung

Nach der Null-Rd in Rot eine Sohle in R häkeln, alle Sohlen verbinden und das Oberteil von vorne aus anhäkeln. Zum Schluss Bindebänder anbringen.

Botties®-Sohle

0. Rd: Die Null-Rd nach der Grundanleitung (siehe „So wird's gemacht") häkeln oder sticken.

Häkelsohle

In Rot mit Nd 3,5 mm 8/9/10 Lm + 1 Wende-Lm anschl. Weiter von hinten nach vorne fM in R häkeln. Am Ende jeder R mit 1 Lm wenden.

1. R: 8/9/10 fM häkeln.
2.+3. R: 1 fM verdoppeln, 6/7/8 fM, 1 fM verdoppeln (= 12/13/14 M nach der 3. R).
4.-20. R: 12/13/14 fM häkeln.
21. R: 1 fM verdoppeln, 10/11/12 fM, 1 fM verdoppeln (= 14/15/16 M).
22.-32. R: 14/15/16 fM häkeln.
33. R: 1 fM verdoppeln, 12/13/14 fM, 1 fM verdoppeln (= 16/17/18 M).
34.-41./34.-43./34.-45. R: 16/17/18 fM häkeln.
42./44./46. R: 2 fM zusammen abmaschen, 12/13/14 fM, 2 fM zusammen abmaschen (= 14/15/16 M).
43./45./47. R: 14/15/16 fM häkeln.
44./46./48. R: 2 fM zusammen abmaschen, 10/11/12 fM, 2 fM zusammen abmaschen (= 12/13/14 M).
45./47./49. R: 12/13/14 fM häkeln.
46./48./50. R: 2 fM zusammen abmaschen, 8/9/10 fM, 2 fM zusammen abmaschen (= 10/11/12 M).
47./49./51. R: 10/11/12 fM häkeln.
48./50./52. R: 2 fM zusammen abmaschen, 6/7/8 fM, 2 fM zusammen abmaschen (= 8/9/10 M).
49./51./53. R: 2 fM zusammen abmaschen, 4/5/6 fM, 2 fM zusammen abmaschen (= 6/7/8 M).
Weiter 1 Rd fM um die ganze Sohle häkeln (= ca. 99/105/111 M), dabei die Rd mit 1 Steige-Lm beginnen und mit 1 Km in die 1. M der Rd beenden.

Alle Sohlen verbinden

Weiter die Häkelsohle mit der Botties®-Sohle zusammenhäkeln. Dafür beide Sohlen deckungsgleich übereinanderlegen, dabei liegt die Häkelsohle oben. 1 Steige-Lm häkeln. Zuerst in die Häkelsohle, dann in die M der Null-Rd einstechen und so rundum fM häkeln. Gleichmäßig verteilt 29/33/37x 2 M der Häkelsohle in 1 M der Null-Rd zusammen abmaschen und dabei die Filzsohle einlegen. Die Rd mit 1 Km schließen. Weiter 1 Rd Relief-fM von hinten häkeln, dafür mit 1 Steige-Lm beginnen und mit 1 Km enden. Den Faden abschneiden und durch die letzte M ziehen.

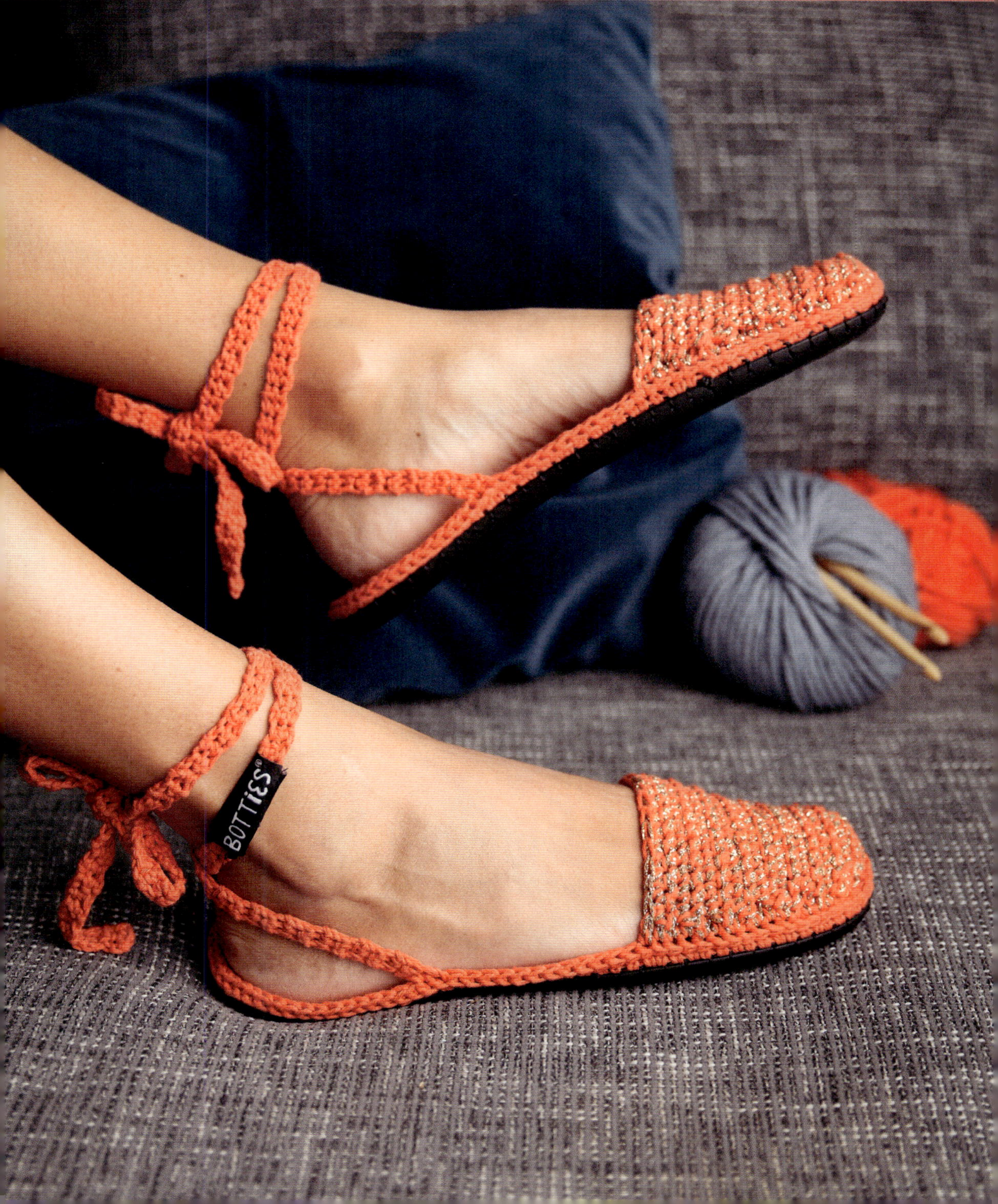
BOTTIES

Oberteil

Das Oberteil von vorne nach hinten in R häkeln. Mit doppeltem Faden in Rot und Gold und Nd 4,0 mm 3 M rechts von der vorderen Mitte anschlingen.

1. R: Über die mittleren 6 Sohlen-M 6 Relief-fM von hinten häkeln. 2 Relief-fM von hinten in die folgenden 2 Sohlen-M häkeln, wenden.
Weiter in R häkeln, dabei nach dem Häkeln der 2 Relief-fM in die Sohlen-M stets wenden.

2. R: 2 M überspringen, 6 fM, 2 Relief-fM von vorne in die folgenden 2 Sohlen-M häkeln

3. R: 1 M überspringen, 7 fM, 2 Relief-fM von hinten in 2 Sohlen-M.

4. R: 1 M überspringen, 8 fM, 2 Relief-fM von vorne in 2 Sohlen-M.

5.+6. R: 2 M überspringen, 8 fM, 2 Relief-fM von hinten bzw. von vorne in 2 Sohlen-M.

7. R: 1 M überspringen, 9 fM, 2 Relief-fM von hinten in 2 Sohlen-M.

8. R: 1 M überspringen, 10 fM, 2 Relief-fM von vorne in 2 Sohlen-M.

9.+10. R: 2 M überspringen, 10 fM, 2 Relief-fM von hinten bzw. von vorne in 2 Sohlen-M.

11. R: 1 M überspringen, 11 fM, 2 Relief-fM von hinten in 2 Sohlen-M.

12. R: 1 M überspringen, 12 fM, 2 Relief-fM von vorne in 2 Sohlen-M.

13.-17./13.-18./13.-19. R: 2 M überspringen, 12 fM, 2 Relief-fM von hinten bzw. von vorne in 2 Sohlen-M häkeln.
Den Faden abschneiden und durch die letzte M ziehen.

Band

Von der hinteren Mitte aus jeweils 14/16/18 M unbehäkelt lassen. Für das 1. Band in Rot mit Nd 3,5 mm in der 15./17./19. M anschlingen und 2 fM häkeln. Weiter in R jeweils 2 fM häkeln und mit 1 Lm wenden. Nach ca. 41/43/45 cm (= 76/80/84 R) den Faden abschneiden und durch die letzte M ziehen. Das 2. Band auf der gegenüberliegenden Seite arb.
Den 2. Bottie® ebenso häkeln.

Fertigstellen

Nach Belieben die Webetiketten annähen. Alle Fäden vernähen.

Heute machen wir blau

sportlich verkreuzt

GRÖSSE

37-38/39-40/41-42

Die Angaben für die verschiedenen Größen sind durch Schrägstriche getrennt. Steht nur eine Angabe, gilt diese für alle Größen.

Das Modell ist in Größe 39-40 gearbeitet.

MATERIAL

- Schachenmayr Boston (LL 55 m/50 g) in Royal (Fb 151), 50/100/100 g
- Häkelnadel 5,0 mm
- 1 Paar Botties® BASIC EDITION
- Wollnadel

ggf. zum Häkeln der Null-Runde:

- Häkelnadeln 2,5 mm und 3,5 mm
- Botties® Nullrundengarn in Schwarz, 14 m

MASCHENPROBE

fM in R mit Nd 5,0 mm
13 M und 16 R
= 10 cm x 10 cm

Anleitung

Nach der Null-Rd in Royal eine Sohle in Rd häkeln, alle Sohlen verbinden und die Riemchen von vorne aus anhäkeln.

Botties®-Sohle

0. Rd: Die Null-Rd nach der Grundanleitung (siehe „So wird's gemacht") häkeln oder sticken.

Häkelsohle

In Royal 21/20/21 Lm + 1 Steige-Lm anschl. In geschlossenen Rd fM um die Lm-Kette häkeln, dabei jede Rd mit 1 Km in die 1. M der Rd schließen und 1 Steige-Lm häkeln. Die Steige-Lm zählt nicht als M.

1. Rd: In der 2. Lm von der Nd aus beginnen, 2 fM in 1 Lm, 19/18/19 fM, 4 fM in 1 Lm, 19/18/19 fM, 2 fM in 1 Lm (= 46/44/46 M).

2. Rd: * 1 fM verdoppeln, 21/20/21 fM, 1 fM verdoppeln, ab * noch 1x wdh (= 50/48/50 M).

3. Rd: * 1 fM, 1 fM verdoppeln, 21/20/21 fM, 1 fM verdoppeln, 1 fM, ab * noch 1x wdh (= 54/52/54 M).

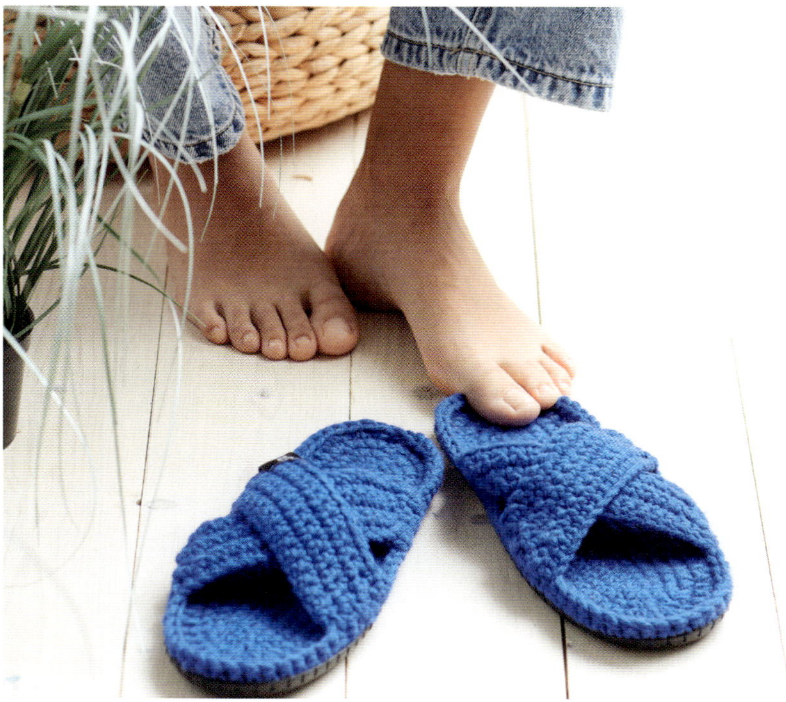

4. Rd: * 2 fM verdoppeln, 23/22/23 fM, 2 fM verdoppeln, ab * noch 1x wdh (= 62/60/62 M).
5. Rd: 2 fM, 2 fM verdoppeln, 11 fM, 14/13/14 hStb, 4 hStb verdoppeln, 14/13/14 hStb, 11 fM, 2 fM verdoppeln, 2 fM (= 70/68/70 M).

Größe 37-38:
Den Faden nicht abschneiden, sondern gleich die Botties®-Sohle anhäkeln. Diese zusammen mit der Filzsohle deckungsgleich unter die gehäkelte Sohle halten.

Größe 39-40 und 41-42:
6. Rd: 2 fM, 2 fM verdoppeln, 13 fM, 15/16 hStb, 4 hStb verdoppeln, 15/16 hStb, 13 fM, 2 fM verdoppeln, 2 fM (= 76/78 M).
Den Faden nicht abschneiden, sondern gleich die Botties®-Sohle anhäkeln. Diese zusammen mit der Filzsohle deckungsgleich unter die gehäkelte Sohle halten.

Alle Sohlen verbinden

6./7./7. Rd: In die 1. M der gehäkelten Sohle einstechen, dann in die darunter liegende M der Null-Rd einstechen und 1 fM häkeln. Auf diese Weise alle M miteinander verbinden, dabei gleichmäßig verteilt 0/4/4x 2 M der gehäkelten Sohle in 1 M der Null-Rd zusammen abmaschen (= 70/72/74 M).

Riemchen

Für das 1. Riemchen von der vorderen Mitte nach links 7/8/9 M unbehäkelt lassen. Den Faden von vorne gesehen in der 8./9./10. Sohlen-M neu anschlingen. 14/15/15 Lm anschl. Auf der gegenüberliegenden Seite von der vorderen Mitte aus 17/18/19 M unbehäkelt lassen. In die 18./19./20. Sohlen-M von innen 1 fM häkeln, in die nächste Sohlen-M (Richtung Ferse) von innen 1 fM häkeln. Wenden.
Weiter in R häkeln, dabei nach dem Häkeln der 2 fM in die Sohlen-M stets wenden.
1. R: 2 M überspringen, 14/15/15 fM, 2 fM in die Sohlen-M.
2. R: 2 M überspringen, 2 fM zusammen abmaschen, 12/13/13 fM, 2 fM in die Sohlen-M.
3. R: 1 M überspringen, 1 fM verdoppeln, 13/14/14 fM, 2 fM in die Sohlen-M.
4. R: 2 M überspringen, 15/16/16 fM, 2 fM in die Sohlen-M.
5. R: 2 M überspringen, 13/14/14 fM, 2 fM zusammen abmaschen, 2 fM in die Sohlen-M.
6. R: 2 M überspringen, 14/15/15 fM, 1 fM in die Sohlen-M.
Nun das 2. Riemchen gegengleich zum 1. Riemchen häkeln.
Von der vorderen Mitte nach rechts 7/8/9 M unbehäkelt lassen. Den Faden von vorne gesehen in der 8./9./10. Sohlen-M neu anschlingen und 14/15/15 Lm häkeln. Auf der gegenüberliegenden Seite von der vorderen Mitte aus 17/18/19 M unbehäkelt lassen. In die 18./19./20. Sohlen-M von außen 1 fM häkeln, in die nächste Sohlen-M (Richtung FErse) von außen 1 fM häkeln.
Weiter in R häkeln, dabei nach dem Häkeln der 2 fM in die Sohlen-M stets wenden.
1. R: 2 M überspringen, 14/15/15 fM, 2 fM in die Sohlen-M.
2. R: 2 M überspringen, 2 fM zusammen abmaschen, 12/13/13 fM, 2 fM in die Sohlen-M.
3. R: 1 M überspringen, 1 fM verdoppeln, 13/14/14 fM, 2 fM in die Sohlen-M.
4. R: 2 M überspringen, 15/16/16 fM, 2 fM in die Sohlen-M.
5. R: 2 M überspringen, 13/14/14 fM, 2 fM zusammen abmaschen, 2 fM in die Sohlen-M.
6. R: 2 M überspringen, 14/15/15 fM, 1 fM in die Sohlen-M.
Den Faden abschneiden und durch die letzte M ziehen.
Den 2. Bottie® gegengleich häkeln.

Fertigstellen

Nach Belieben die Webetiketten annähen. Alle Fäden vernähen.

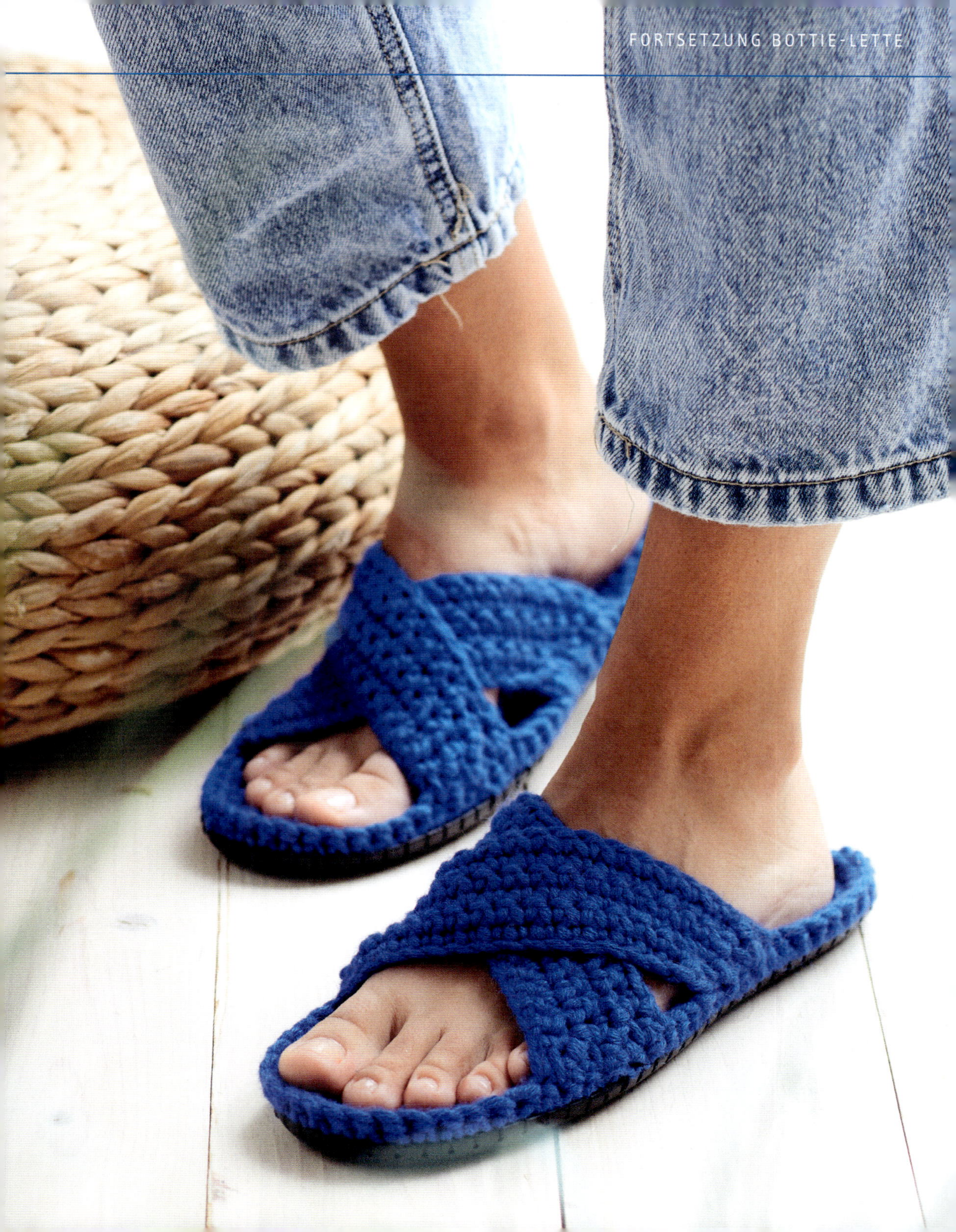

Warme Füße für Dornröschen

zart mit Blüten bestickt

GRÖSSE

37-38/39-40/41-42

Die Angaben für die verschiedenen Größen sind durch Schrägstriche getrennt. Steht nur eine Angabe, gilt diese für alle Größen.

Das Modell ist in Größe 39-40 gearbeitet.

MATERIAL

- Schachenmayr Boston (LL 55 m/50 g) in Jade meliert (Fb 71), 50 g
- Schachenmayr Catania (LL 125 m/50 g) in Rosé Gold (Fb 433), Tomate (Fb 390) und Aprikose (Fb 401), Reste
- Häkelnadel 5,0 mm
- 1 Paar Botties® BASIC EDITION
- Wollnadel

ggf. zum Häkeln der Null-Runde:

- Häkelnadeln 2,5 mm und 3,5 mm
- Botties® Nullrundengarn in Schwarz, 14 m

MASCHENPROBE

fM in R mit Nd 5,0 mm
13 M und 16 R = 10 cm x 10 cm

Anleitung

Nach der Null-Rd noch 3 weitere Rd an die Botties®-Sohle häkeln. Dann das Oberteil von hinten nach vorn anhäkeln. Kleine Röschen in verschiedenen Fb und Größen aufsticken.

Botties®-Sohle

0. Rd: Die Null-Rd nach der Grundanleitung (siehe „So wird's gemacht") häkeln oder sticken.
In Jade in der hinteren mittleren M anschlingen.
1.-3. Rd: 70/72/74 fM häkeln, jede Rd mit 1 Km schließen.
Den Faden abschneiden und durch die letzte M ziehen.

Oberteil

Von der hinteren Mitte aus jeweils 9/9/10 M zu den Seiten unbehäkelt lassen. An der linken Seite in der 10./10./11. M in Jade neu anschlingen. Weiter fM in R häkeln. Am Ende jeder R mit 1 Lm wenden.
1. R: 52/54/54 fM häkeln.

Größe 37-38:
2. R: Die 1. und 2., 23. und 24., 29. und 30. und die 51. und 52. M zusammen abmaschen (= 48 M).
3. R: Die 1. und 2., 21. und 22., 27. und 28. und die 47. und 48. M zusammen abmaschen (= 44 M).
4. R: Die 1. und 2., 19. und 20., 21. und 22., 23. und 24., 25. und 26. und die 43. und 44. M zusammen abmaschen (= 38 M).
5. R: Die 16. und 17., 18. und 19., 20. und 21. und die 22. und 23. M zusammen abmaschen (= 34 M).
6. R: Die 14. und 15., 16. und 17., 18. und 19. und die 20. und 21. M zusammen abmaschen (= 30 M).
7. R: Die 12. und 13., 14. und 15., 16. und 17. und die 18. und 19. M zusammen abmaschen (= 26 M).

Größe 39-40 und 41-42:
2. R: Die 1. und 2., 24. und 25., 30. und 31. und die 53. und 54. M zusammen abmaschen (= 50 M).
3. R: Die 1. und 2., 22. und 23., 28. und 29. und die 49. und 50. M zusammen abmaschen (= 46 M).
4. R: Die 1. und 2., 20. und 21., 22. und 23., 24. und 25., 26. und 27. und die 45. und 46. M zusammen abmaschen (= 40 M).
5. R: Die 17. und 18., 19. und 20., 21. und 22. und die 23. und 24. M zusammen abmaschen (= 36 M).
6. R: Die 15. und 16., 17. und 18., 19. und 20. und die 21. und 22. M zusammen abmaschen (= 32 M).
7. R: Die 13. und 14., 15. und 16., 17. und 18. und die 19. und 20. M zusammen abmaschen (= 28 M).

Alle Größen:
8. R: Zum Schließen des Oberteils zuerst in die 1. M der letzten Rd, dann in die letzte M der letzten Rd einstechen

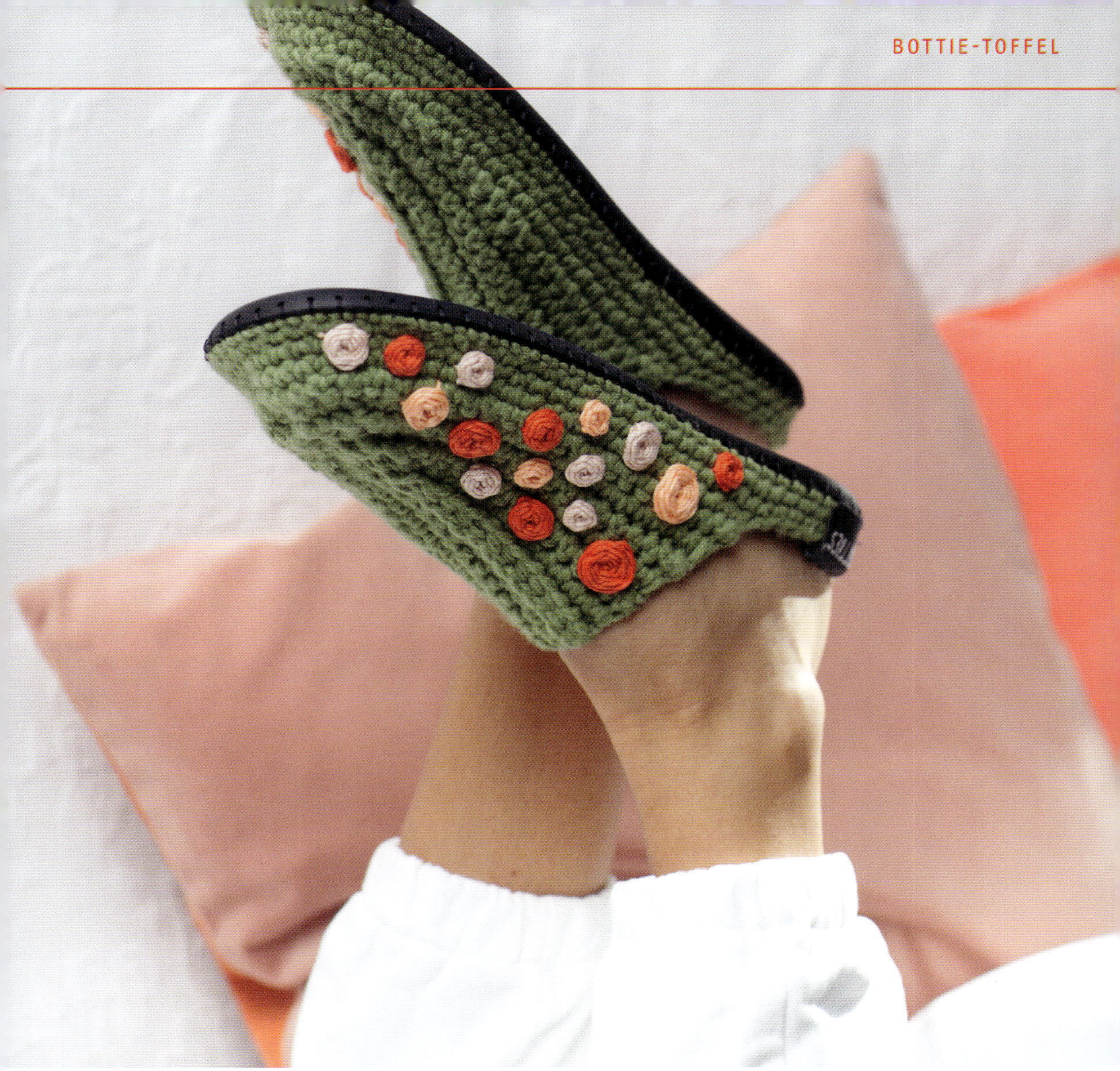

und 1 Km häkeln. Weiter jeweils die nächsten beiden gegenüberliegenden M mit 1 Km zusammenhäkeln. Auf diese Weise die obere Öffnung schließen. Den Faden abschneiden und durch die letzte M ziehen. Den 2. Bottie® ebenso häkeln.

Fertigstellen

In Rosé Gold, Tomate und Aprikose wie abgebildet kleine Röschen in unterschiedlichen Größen auf die Außenseiten der Oberteile sticken. Nach Belieben die Webetiketten annähen. Die Filzsohlen in die Botties® einlegen. Alle Fäden vernähen.

Setzt allen die Krone auf

für echte Puschen-Royals

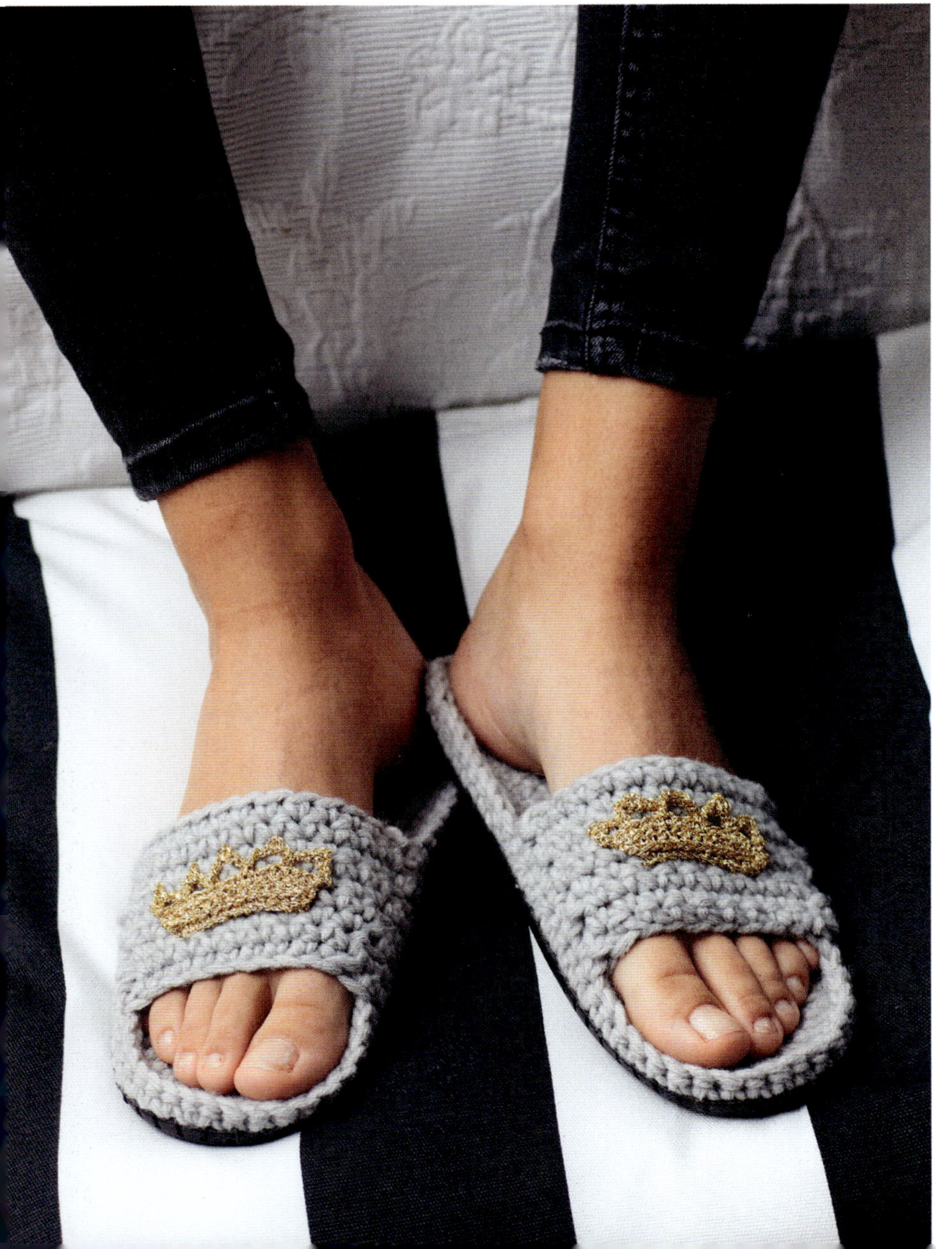

GRÖSSE

37-38/39-40/41-42

Die Angaben für die verschiedenen Größen sind durch Schrägstriche getrennt. Steht nur eine Angabe, gilt diese für alle Größen.

Das Modell ist in Größe 37-38 gearbeitet.

MATERIAL

- Schachenmayr Boston (LL 55 m/50 g) in Hellgrau meliert (Fb 90), 50 g
- Anchor Metallic (LL 100 m/25 g) in Gold (Fb 300), 25 g
- Häkelnadeln 3,0 mm und 5,0 mm
- 1 Paar Botties® BASIC EDITION
- Wollnadel

ggf. zum Häkeln der Null-Runde:

- Häkelnadeln 2,5 mm und 3,5 mm
- Botties® Nullrundengarn in Schwarz, 14 m

MASCHENPROBE

fM in R mit Nd 5,0 mm
13 M und 16 R
= 10 cm x 10 cm

Anleitung

Nach der Null-Rd in Hellgrau eine Häkelsohle anfertigen, alle Sohlen verbinden und die Riemchen von hinten aus anhäkeln. Zum Schluss eine kleine Krone anfertigen.

Botties®-Sohle

0. Rd: Die Null-Rd nach der Grundanleitung (siehe „So wird's gemacht") häkeln oder sticken.

Häkelsohle

In Hellgrau 21/20/21 Lm + 1 Steige-Lm anschl. In geschlossenen Rd fM um die Lm-Kette häkeln, dabei jede Rd mit 1 Km in die 1. M der Rd schließen und 1 Steige-Lm häkeln. Die Steige-Lm zählt nicht als M.

1. Rd: In der 2. Lm von der Nd aus beginnen, 2 fM in 1 Lm, 19/18/19 fM, 4 fM in 1 Lm, 19/18/19 fM, 2 fM in 1 Lm (= 46/44/46 M).

2. Rd: * 1 fM verdoppeln, 21/20/21 fM, 1 fM verdoppeln, ab * noch 1x wdh (= 50/48/50 M).

3. Rd: * 1 fM, 1 fM verdoppeln, 21/20/21 fM, 1 fM verdoppeln, 1 fM, ab * noch 1x wdh (= 54/52/54 M).

4. Rd: * 2 fM verdoppeln, 23/22/23 fM, 2 fM verdoppeln, ab * noch 1x wdh (= 62/60/62 M).

5. Rd: 2 fM, 2 fM verdoppeln, 11 fM, 14/13/14 hStb, 4 hStb verdoppeln, 14/13/14 hStb, 11 fM, 2 fM verdoppeln, 2 fM (= 70/68/70 M).

Größe 37-38:
Den Faden nicht abschneiden, sondern gleich die Botties®-Sohle anhäkeln. Diese zusammen mit der Filzsohle deckungsgleich unter die gehäkelte Sohle halten.

Größe 39-40 und 41-42:
6. Rd: 2 fM, 2 fM verdoppeln, 13 fM, 15/16 hStb, 4 hStb verdoppeln, 15/16 hStb, 13 fM, 2 fM verdoppeln, 2 fM (= 76/78 M).
Den Faden nicht abschneiden, sondern gleich die Botties®-Sohle anhäkeln. Diese zusammen mit der Filzsohle deckungsgleich unter die gehäkelte Sohle halten.

Alle Sohlen verbinden

6./7./7. Rd: In die 1. M der gehäkelten Sohle einstechen, dann in die darunter liegende M der Null-Rd einstechen und 1 fM häkeln. (Sollte die Null-Rd zu eng für die Häkelnd 5,0 mm sein, diese Rd mit der Häkelnd 3,5 mm arb). Auf diese Weise alle M miteinander verbinden, dabei gleichmäßig verteilt 0/4/4x 2 M der gehäkelten Sohle in 1 M der Null-Rd zusammen abmaschen (= 70/72/74 M).

Riemchen

Von der hinteren Mitte aus beidseitig 16/17/18 M unbehäkelt lassen. An der rechten Seite in der 17./18./19. M in Hellgrau mit Nd 5,0 mm neu anschlingen. 14/15/16 Lm anschl, auf der gegenüberliegenden Seite in die 17./18./19. M von außen 1 fM arb. Weiter 1 fM in die nächste Sohlen-M (Richtung Schuhspitze) häkeln. Weiter in R häkeln, dabei nach dem Häkeln der 2 fM in die Sohlen-M stets wenden.

1. R: 2 M überspringen, 14/15/16 fM in die Lm-Kette, 2 fM in die Sohlen-M.

2.-4. R: 2 M überspringen, 14/15/16 fM, 2 fM in die Sohlen-M.

5. R: 2 M überspringen, 2 fM zusammen abmaschen, 10/11/12 fM, 2 fM zusammen abmaschen, 2 fM in die Sohlen-M (= 12/13/14 M).

6.-8. R: 2 M überspringen, 12/13/14 fM, 2 fM in die Sohlen-M.

9. R: 2 M überspringen, 2 fM zusammen abmaschen, 8/9/10 fM, 2 fM zusammen abmaschen, 2 fM in die Sohlen-M (= 10/11/12 M).

Größe 37-38:
Den Faden abschneiden und durch die letzte M ziehen.

Größe 39-40 und 41-42:
10. R: 2 M überspringen, 11/12 fM, 2 fM in die Sohlen-M.
Den Faden abschneiden und durch die letzte M ziehen.

Krone

In Gold mit Nd 3,0 mm 12 Lm + 1 Wende-Lm anschl. Weiter in R häkeln.

1. R: 12 fM, 2 Wende-Lm.

2. R: 12 Relief-Stb von hinten, 1 Wende-Lm.

3. R: 2 fM, 1 fM verdoppeln, 3 fM, 1 fM verdoppeln, 2 fM, 1 fM verdoppeln, 2 fM, 1 Wende-Lm.

4. R: * 4 Lm, 1 fM in die 2. Lm von der Nd aus, 2 Lm, 2 M (der 3. R) überspringen, 1 fM, ab * noch 4x wdh.

Den Faden abschneiden und durch die letzte M ziehen.
Den 2. Bottie® ebenso häkeln.

Fertigstellen

Die Kronen jeweils mittig auf die Riemchen nähen. Nach Belieben die Webetiketten annähen. Alle Fäden vernähen.

Hübsch wie ein Geschenk

mit Schleife dran

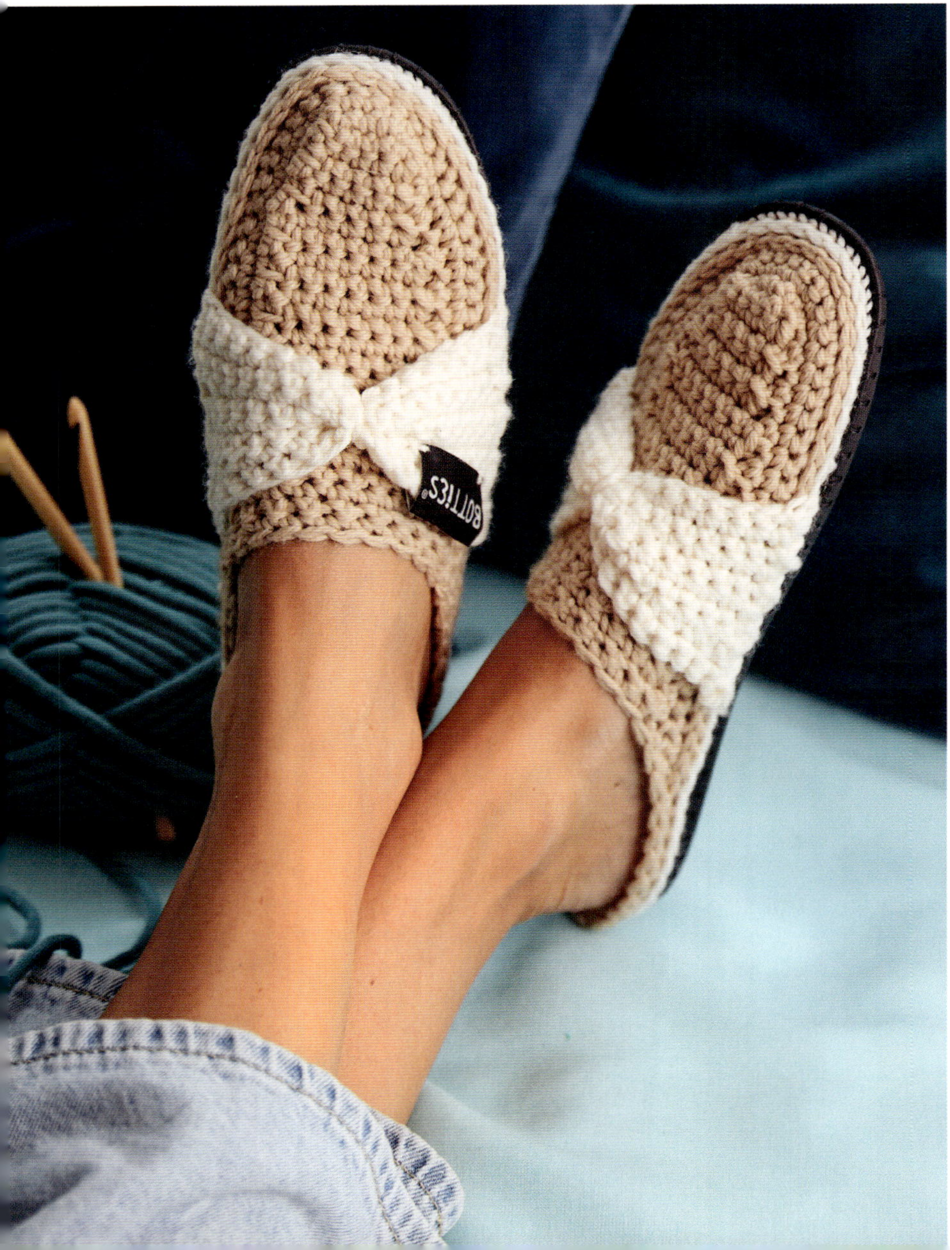

GRÖSSE
37-38/39-40/41-42

Die Angaben für die verschiedenen Größen sind durch Schrägstriche getrennt. Steht nur eine Angabe, gilt diese für alle Größen.

Das Modell ist in Größe 37-38 gearbeitet.

MATERIAL

- Woll Butt Ida Uni (LL 60 m/50 g) in Sand (Fb 264.80) und Natur (Fb 264.81), je 50 g
- Häkelnadel 5,0 mm
- 1 Paar Botties® BASIC EDITION
- Wollnadel

ggf. zum Häkeln der Null-Runde:

- Häkelnadeln 2,5 mm und 3,5 mm
- Botties® Nullrundengarn in Schwarz, 14 m

MASCHENPROBE
fM in R mit Nd 5,0 mm
13 M und 16 R
= 10 cm x 10 cm

Anleitung

Nach der Null-Rd noch 2 weitere Rd an die Botties®-Sohle häkeln. Dann das Oberteil anhäkeln. Zum Schluss die Schleife anfertigen.

Botties®-Sohle

0. Rd: Die Null-Rd nach der Grundanleitung (siehe „So wird's gemacht") häkeln oder sticken.
In Natur in der hinteren Mitte anschlingen.
1. Rd: 70/72/74 fM häkeln. Mit 1 Km schließen.
2. Rd (Sand): 70/72/74 Relief-fM von hinten häkeln. Mit 1 Km schließen.

Oberteil

Von der hinteren Mitte aus zu beiden Seiten 9/9/10 M unbehäkelt lassen. Von hinten aus gesehen an der linken Seite in der 10./10./11. M in Sand neu anschlingen.
Weiter in R häkeln. Am Ende jeder R mit 1 Lm wenden.
1.+2. R: 52/54/54 fM häkeln.
3.+4. R: fM häkeln, dabei jeweils die ersten und letzten beiden M zusammen abmaschen (= 48/50/50 M).
Den Faden abschneiden und durch die letzte M ziehen.
Weiter das Oberteil von vorne nach hinten häkeln. Dafür in Sand 2 M rechts der vorderen Mitte neu anschlingen. Weiter in R häkeln, dabei nach dem Häkeln der 2 fM in die Sohlen-M stets wenden.
1. R: 4 fM in die vorderen Sohlen-M, 2 fM in die seitlichen Sohlen-M.
2.-6.R: 2 M überspringen, 4 fM, 2 fM in die Sohlen-M.
7. R: 1 M überspringen, 5 fM, 2 fM in die Sohlen-M.
8. R: 1 M überspringen, 6 fM, 2 fM in die Sohlen-M.
9.-16.R: 2 M überspringen, 6 fM, 2 fM in die Sohlen-M.
17. R: 1 M überspringen, 7 fM, 2 fM in die Sohlen-M.
18. R: 1 M überspringen, 8 fM, 2 fM in die Sohlen-M.

Größe 37-38:
19.-22. R: 2 M überspringen, 8 fM, 2 fM in die Sohlen-M.

Größe 39-40:
19.-24. R: 2 M überspringen, 8 fM, 2 fM in die Sohlen-M.

Größe 41-42:
19. R: 1 M überspringen, 9 fM, 2 fM in die Sohlen-M.
20. R: 1 M überspringen, 10 fM, 2 fM in die Sohlen-M.
21.-24. R: 2 M überspringen, 10 fM, 2 fM in die Sohlen-M.

Alle Größen:
Für einen schönen Abschluss 1 Steige-Lm, 1 Rd Krebsm in jede 2. M des Oberteils und des hinteren Rands häkeln. Den Faden abschneiden und durch die letzte M ziehen.

Schleife

Die vorderen mittleren 22 Relief-fM in Natur unbehäkelt lassen. In der 12. M auf der rechten Seite in Natur neu anschlingen, 16/16/18 Lm häkeln und auf der gegenüberliegenden Seite in die 12. M von außen 2 fM häkeln. Weiter in R häkeln, dabei nach dem Häkeln der 2 fM in die Sohlen-M stets wenden.
1.-5. R: 2 M überspringen, 16/16/18 fM, 2 fM in die Sohlen-M.
6. R: 2 M überspringen, 12/12/14 fM, 2 hStb, 2 Stb, 3 fM in die Sohlen-M.
7. R: 3 M überspringen, 12/12/14 fM, 2 hStb, 2 Stb, 3 fM in die Sohlen-M.
Den Faden abschneiden und durch die letzte M ziehen.
Den 2. Bottie® ebenso häkeln.

Fertigstellen

2 Fäden von 30 cm Länge in Natur abschneiden und mittig fest um die Schleifen wickeln. Nach Belieben die Webetiketten annähen. Die Filzsohlen in die Botties® legen. Alle Fäden vernähen.

Outfit of the Day

Schlappen-Look in Schwarz-Weiß

GRÖSSE
37-38/39-40/41-42

Die Angaben für die verschiedenen Größen sind durch Schrägstriche getrennt. Steht nur eine Angabe, gilt diese für alle Größen.

Das Modell ist in Größe 41-42 gearbeitet.

MATERIAL

- Schachenmayr Boston (LL 55 m/50 g) in Trench Coat (Fb 06), Natur (Fb 02) und Schwarz (Fb 99), je 50 g
- Häkelnadel 5,0 mm
- 1 Paar Botties® BASIC EDITION
- Wollnadel

ggf. zum Häkeln der Null-Runde:

- Häkelnadeln 2,5 mm und 3,5 mm
- Botties® Nullrundengarn in Schwarz, 14 m

MASCHENPROBE
fM in R mit Nd 5,0 mm
13 M und 16 R
= 10 cm x 10 cm

Streifenfolge

2 R in Natur und 2 R in Schwarz im Wechsel häkeln.

Anleitung

Nach der Null-Rd eine Häkelsohle anfertigen, alle Sohlen verbinden und die Riemchen von vorne aus anhäkeln.

Botties®-Sohle

0. Rd: Die Null-Rd nach der Grundanleitung (siehe „So wird's gemacht") häkeln oder sticken.

Häkelsohle

In Trench Coat 21/20/21 Lm + 1 Steige-Lm anschl. In geschlossenen Rd fM um die Lm-Kette häkeln, dabei jede Rd mit 1 Km in die 1. M der Rd schließen und 1 Steige-Lm häkeln. Die Steige-Lm zählt nicht als M.
1. Rd: In der 2. Lm von der Nd aus beginnen, 2 fM in 1 Lm, 19/18/19 fM, 4 fM in 1 Lm, 19/18/19 fM, 2 fM in 1 Lm (= 46/44/46 M).
2. Rd: * 1 fM verdoppeln, 21/20/21 fM, 1 fM verdoppeln, ab * noch 1x wdh (= 50/48/50 M).
3. Rd: * 1 fM, 1 fM verdoppeln, 21/20/21 fM, 1 fM verdoppeln, 1 fM, ab * noch 1x wdh (= 54/52/54 M).
4. Rd: * 2 fM verdoppeln, 23/22/23 fM, 2 fM verdoppeln, ab * noch 1x wdh (= 62/60/62 M).
5. Rd: 2 fM, 2 fM verdoppeln, 11 fM, 14/13/14 hStb, 4 hStb verdoppeln, 14/13/14 hStb, 11 fM, 2 fM verdoppeln, 2 fM (= 70/68/70 M).

Größe 37-38:
Den Faden nicht abschneiden, sondern gleich die Botties®-Sohle anhäkeln. Diese zusammen mit der Filzsohle deckungsgleich unter die gehäkelte Sohle halten.

Größe 39-40 und 41-42:
6. Rd: 2 fM, 2 fM verdoppeln, 13 fM, 15/16 hStb, 4 hStb verdoppeln, 15/16 hStb, 13 fM, 2 fM verdoppeln, 2 fM (= 76/78 M). Den Faden nicht abschneiden, sondern gleich die Botties®-Sohle anhäkeln. Diese zusammen mit der Filzsohle deckungsgleich unter die gehäkelte Sohle halten.

Alle Sohlen verbinden

6./7./7. Rd: In die 1. M der gehäkelten Sohle einstechen, dann in die darunter liegende M der Null-Rd einstechen und 1 fM häkeln. (Sollte die Null-Rd zu eng für die Häkelnd 5,0 mm sein, diese Rd mit der Häkelnd 3,5 mm arb). Auf diese Weise alle M miteinander verbinden, dabei gleichmäßig verteilt 0/4/4x 2 M der gehäkelten Sohle in 1 M der Null-Rd zusammen abmaschen (= 70/72/74 M).

Riemchen

Die vorderen mittleren 14/14/16 M unbehäkelt lassen. In Natur von vorne gesehen auf der rechten Seite in der 15./15./17. Sohlen-M neu anschlingen und 12/12/13 Lm häkeln. In die gegenüberliegende Sohlen-M von außen 1 fM häkeln.

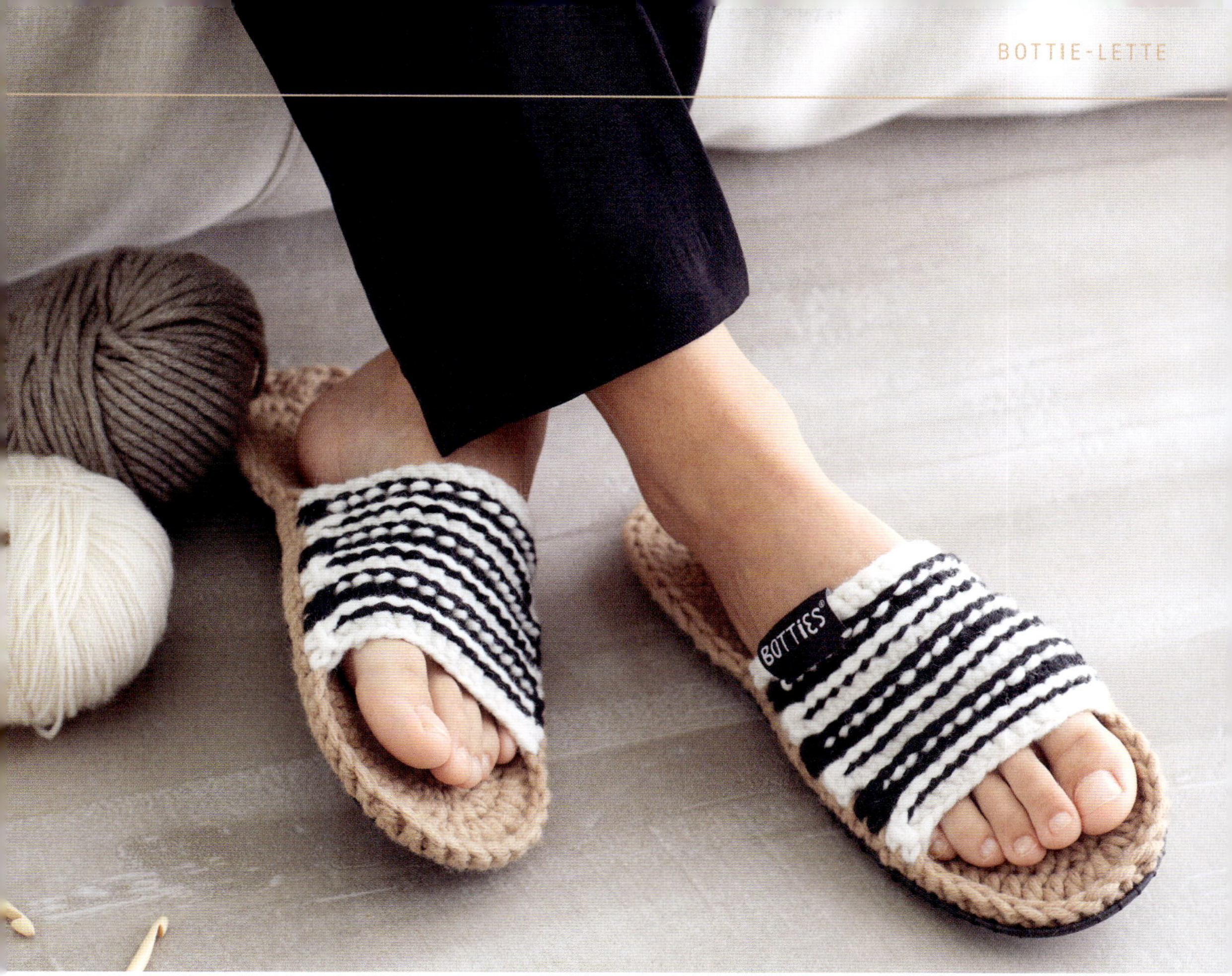

In die nächste Sohlen-M noch 1 fM arb. Weiter in R in der Streifenfolge häkeln, dabei nach dem Häkeln der 2 fM in die Sohlen-M stets wenden.

1. R: 2 M überspringen, 12/12/13 fM in die Lm-Kette, 2 fM in die Sohlen-M.

2. R: 2 M überspringen, 12/12/13 Relief-fM von hinten, 2 fM in die Sohlen-M.

3. R: 2 M überspringen, 12/12/13 fM, 2 fM in die Sohlen-M.

4. R: 2 M überspringen, 12/12/13 Relief-fM von hinten, 2 fM in die Sohlen-M.

5. R: 1 M überspringen, 13/13/14 fM, 2 fM in die Sohlen-MM arb.

6. R: 1 M überspringen, 14/14/15 Relief-fM von hinten, 2 fM in die Sohlen-M.

7. R: 2 M überspringen, 14/14/15 fM, 2 fM in die Sohlen- M.

8. R: 2 M überspringen, 14/14/15 Relief-fM von hinten, 2 fM in die Sohlen-M.

9. R: 2 M überspringen, 14/14/15 fM, 2 fM in die Sohlen-M.

10. R: 2 M überspringen, 14/14/15 Relief-fM von hinten, 2 fM in die Sohlen-M.

11. R: Wie die 7. R häkeln.

12. R: Wie die 8. R häkeln.

13. R: Wie die 9. R häkeln, jedoch am R-Ende nur 1 fM in die Sohlen-M. Den Faden abschneiden und durch die letzte M ziehen.

Den 2. Bottie® ebenso häkeln.

Fertigstellen

Nach Belieben die Webetiketten annähen. Alle Fäden vernähen.

Zünftig verzopft

neue Zöpfe für warme Füße

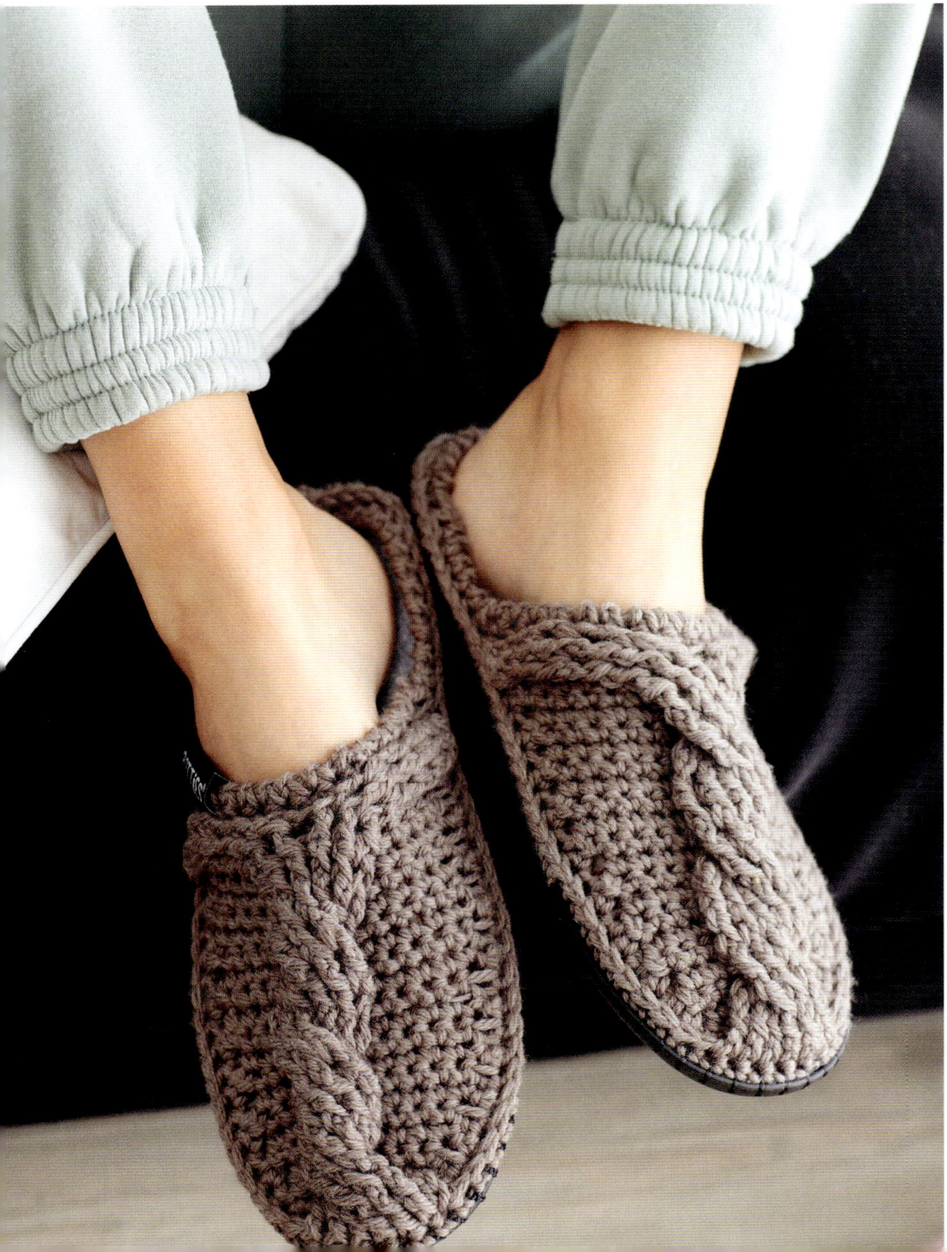

GRÖSSE

37-38/39-40/41-42

Die Angaben für die verschiedenen Größen sind durch Schrägstriche getrennt. Steht nur eine Angabe, gilt diese für alle Größen.

Das Modell ist in Größe 41-42 gearbeitet.

MATERIAL

- Woll Butt Ida Uni (LL 60 m/50 g) in Holz (Fb 271.72), 100 g
- Häkelnadel 5,0 mm
- 1 Paar Botties® BASIC EDITION
- Wollnadel

ggf. zum Häkeln der Null-Runde:

- Häkelnadeln 2,5 mm und 3,5 mm
- Botties® Nullrundengarn in Schwarz, 14 m

MASCHENPROBE

fM in R mit Nd 5,0 mm
13 M und 16 R
= 10 cm x 10 cm

Anleitung

Nach der Null-Rd noch 2 weitere Rd an die Botties®-Sohle häkeln. Dann das Oberteil von vorn nach hinten anhäkeln. Zum Schluss den Zopf anfertigen und aufnähen.

Botties®-Sohle

0. Rd: Die Null-Rd nach der Grundanleitung (siehe „So wird's gemacht") häkeln oder sticken.
In Holz in der hinteren Mitte anschlingen.
1. Rd: 70/72/74 fM häkeln. Mit 1 Km schließen
2. Rd: 70/72/74 Relief-fM von hinten häkeln. Mit 1 Km schließen.
Den Faden abschneiden und durch die letzte M ziehen.

Oberteil

Das Oberteil von vorne nach hinten häkeln.
Den Faden 2 M rechts der Mitte anschlingen.
Weiter in R häkeln, dabei nach dem Häkeln der 2 fM in die seitlichen Sohlen-M stets wenden.
1. R: 2 Lm, 4 fM in die vorderen Sohlen-M, 2 fM in die seitlichen Sohlen-M.
2. R: 1 M überspringen, 5 fM, 2 fM in die Sohlen-M.
3. R: 1 M überspringen, 6 fM, 2 fM in die Sohlen-M.
4. R: 1 M überspringen, 7 fM, 2 fM in die Sohlen-M.
5. R: 1 M überspringen, 8 fM, 2 fM in die Sohlen-M.
6. R: 1 M überspringen, 9 fM, 2 fM in die Sohlen-M.
7. R: 1 M überspringen, 10 fM, 2 fM in die Sohlen-M.
8.-11. R: 2 M überspringen, 10 fM, 2 fM in die Sohlen-M.
12. R: 1 M überspringen, 11 fM, 2 fM in die Sohlen-M.
13. R: 1 M überspringen, 12 fM, 2 fM in die Sohlen-M.
14.-18. R: 2 M überspringen, 12 fM, 2 fM in die Sohlen-M.
19. R: 1 M überspringen, 13 fM, 2 fM in die Sohlen-M.
20. R: 1 M überspringen, 14 fM, 2 fM in die Sohlen-M.
21.-22. R: 2 M überspringen, 14 fM, 2 fM in die Sohlen-M.

Größe 37-38:
Den Faden abschneiden und durch die letzte M ziehen.

Größe 39-40 und 41-42:
23. R: 1 M überspringen, 15 fM, 2 fM in die Sohlen-M.
24. R: 1 M überspringen, 16 fM, 2 fM in die Sohlen-M.
Den Faden abschneiden und durch die M ziehen.

Zopf

Den Faden 3 M rechts der vorderen Mitte anschlingen.
Weiter in R häkeln und jede R mit 2 Lm wenden.
1. R: 2 Lm, 6 Relief-Stb von vorne häkeln.
2. R: 6 Relief-Stb von hinten häkeln.
3. R: 6 Relief-DStb verkreuzen (= 3 Relief-Stb der Vor-R übergehen, 3 Relief-DStb in die folgenden 3 M häkeln, 3 Relief-DStb in die zuvor übergangenen Relief-Stb der Vor-R häkeln.)
4. R: 6 Relief-Stb von hinten häkeln.
5. R: 6 Relief-Stb von vorne häkeln.
6. R: 6 Relief-Stb von hinten häkeln.
Die 1.-6. R noch 2/3/3x wdh.

Größe 37-38:
19. R: 6 Relief-Stb von vorne häkeln.
20. R: 6 Relief-Stb von hinten häkeln.

Alle Größen:
21.-25./25.-30./25.-30. R: Über die ersten 3 M weiterhäkeln: 1 R Relief-Stb von vorne und 1 R Relief-Stb von hinten im Wechsel arb. Den Faden abschneiden und durch die letzte M ziehen. Den Faden an der Mitte des Zopfblenden-Endes neu anschlingen und über die noch unbehäkelten 3 M die 21.-25./25.-30./25.-30. R wdh.
Den 2. Bottie® ebenso häkeln.

Fertigstellen

Die Zopfblende an einigen Stellen am Oberteil festnähen. Die beiden schmalen Bänder jeweils nach rechts und links außen annähen. Die Filzsohlen in die Botties® einlegen. Nach Belieben die Webetiketten annähen. Alle Fäden vernähen.

Granny ist großartig

Lieblingssquare in Knallerfarben

GRÖSSE

37-38/39-40/41-42

Die Angaben für die verschiedenen Größen sind durch Schrägstriche getrennt. Steht nur eine Angabe, gilt diese für alle Größen.

Das Modell ist in Größe 39-40 gearbeitet.

MATERIAL

- Schachenmayr Catania Grande (LL 63 m/100 g) in Kamelie (Fb 3252) und Reseda (Fb 3209), je 50 g
- Häkelnadel 3,0/3,5/3,5 mm
- 1 Paar Botties® BASIC EDITION
- Wollnadel

ggf. zum Häkeln der Null-Runde:

- Häkelnadel 2,5 mm
- Botties® Nullrundengarn in Schwarz, 14 m

MASCHENPROBE

Stb in R mit Nd 3,5 mm
13 M und 9 R
= 10 cm x 10 cm

Farbfolge

1 Rd in Kamelie und 1 Rd in Reseda im Wechsel häkeln.

Granny Square

Nach der Häkelschrift die 1.-5. Rd in der Farbfolge häkeln.

Anleitung

Nach der Null-Rd noch 2 weitere Rd an die Botties®-Sohle häkeln. Dann den Granny Square häkeln und als Riemchen am Bottie® befestigen.

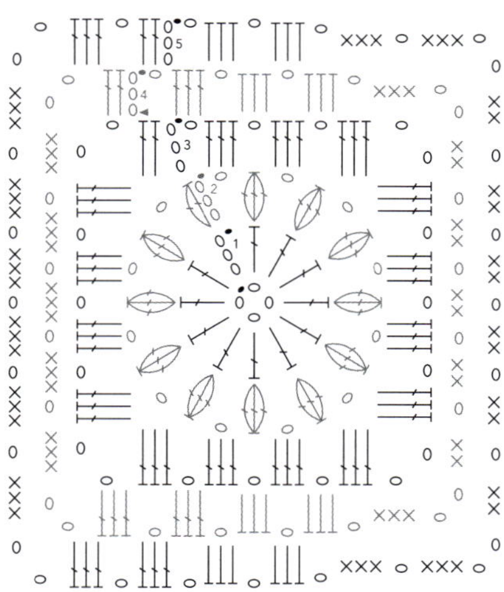

○ = Luftmasche
• = Kettmasche
× = feste Masche
= Stäbchen
= Büschelmasche aus 3 Stäbchen

Botties®-Sohle

0. Rd: Die Null-Rd nach der Grundanleitung (siehe „So wird's gemacht") häkeln oder sticken.
In Reseda in der hinteren Mitte anschlingen.
1. Rd: 70/72/74 fM häkeln. Mit 1 Km schließen.
2. Rd (Kamelie): 70/72/74 Relief-fM von hinten häkeln. Mit 1 Km schließen.
Den Faden abschneiden und durch die letzte M ziehen.

Riemchen

Für das Riemchen zuerst den Granny Square mit Nd 3,0/3,5/3,5 mm in Kamelie und Reseda nach der Häkelschrift arb.
Den Granny Square so auf die Sohle legen, dass die kurze Kante nach vorne zeigt und die vorderen mittleren 14/16/16 M unbehäkelt bleiben. Zum Anhäkeln von oben zuerst in die äußere M des Granny Square, dann in die Sohlen-M einstechen und fM häkeln. Jeweils 2 M des Granny Square in 1 Sohlen-M zusammen abmaschen, bis die seitliche Kante angehäkelt ist. Die gegenüberliegende Seite ebenso anhäkeln.
Den 2. Bottie® ebenso häkeln.

Fertigstellen

Nach Belieben die Webetiketten annähen. Die Filzsohlen in die Botties® einlegen. Alle Fäden vernähen.

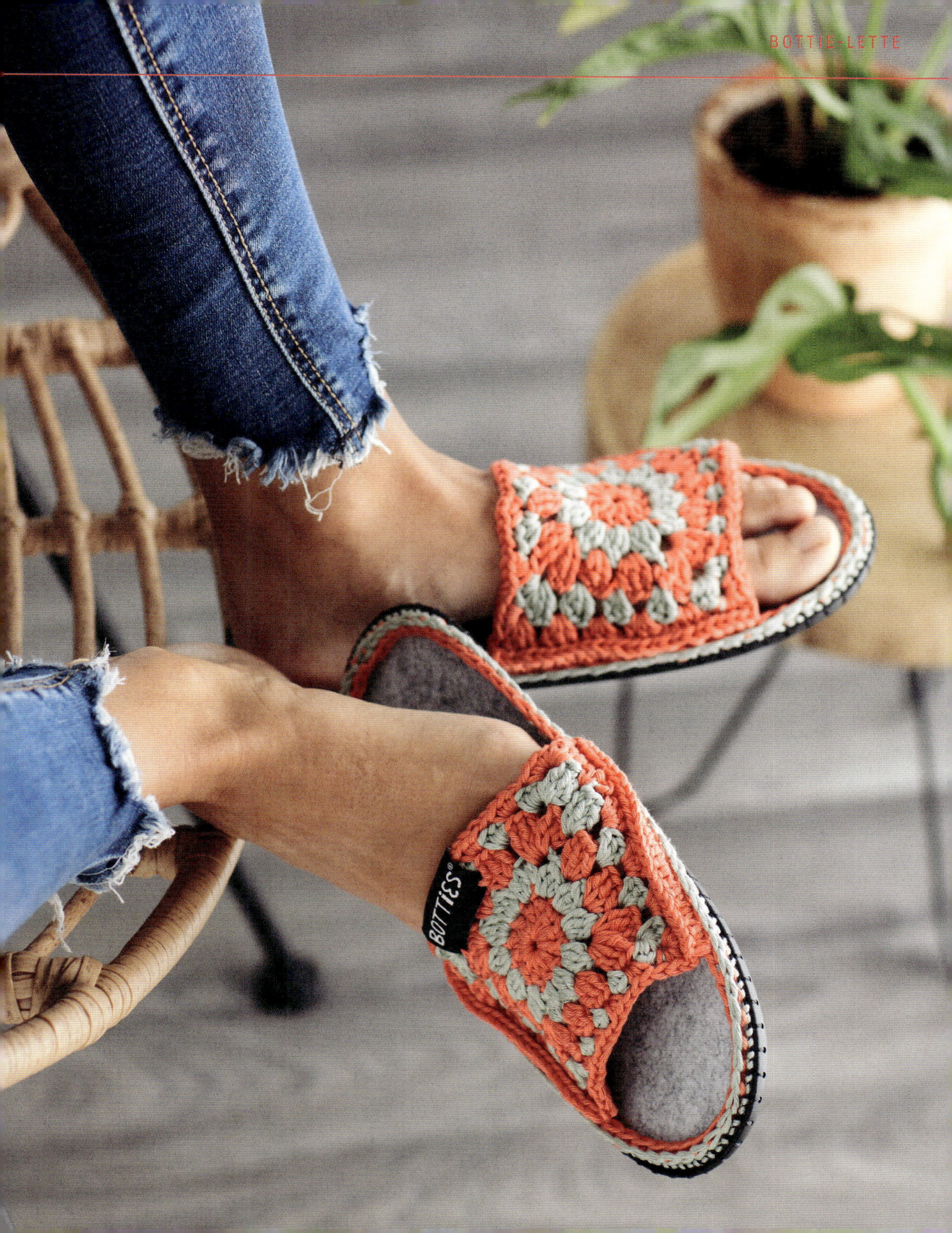
BOTTIES

Süßer Kuschelhase

niedliche Schläppchen für Tierfreunde

GRÖSSE

37-38/39-40/41-42

Die Angaben für die verschiedenen Größen sind durch Schrägstriche getrennt. Steht nur eine Angabe, gilt diese für alle Größen.

Das Modell ist in Größe 37-38 gearbeitet.

MATERIAL

- Schachenmayr Luxury Velvet (LL 75 m/100 g) in Elephant (Fb 98) und Rose (Fb 35), je 100 g
- Häkelnadel 5,0 mm
- 1 Paar Botties® BASIC EDITION
- Wollnadel

ggf. zum Häkeln der Null-Runde:

- Häkelnadeln 2,5 mm und 3,5 mm
- Botties® Nullrundengarn in Schwarz, 14 m

MASCHENPROBE

fM in R mit Nd 4,0 mm
10 M und 14 R
= 10 cm x 10 cm

Anleitung

Nach der Null-Rd das Oberteil von vorn anhäkeln. Zum Schluss die Ohren anfertigen und annähen.

Botties®-Sohle

0. Rd: Die Null-Rd nach der Grundanleitung (siehe „So wird's gemacht") häkeln oder sticken.

Oberteil

In Elephant 2/3/3 M rechts der vorderen Mitte anschlingen.
Weiter in R häkeln, dabei nach dem Häkeln der fM in die seitlichen M der Null-Rd stets wenden. Sollte die Null-Rd zu eng für die Häkelnd 5,0 mm sein, die 2 fM am R-Ende jeweils mit Häkelnd 3,5 mm arb.
1. R: 4/6/6 fM über die vorderen Sohlen-M, 2 fM in 2 M der Null-Rd.
2. R: 6/8/8 fM häkeln, 2 fM in 2 M der Null-Rd.
3. R: 8/10/10 fM häkeln, 2 fM in 2 M der Null-Rd.
4.-8. R: 2 M überspringen, 8/10/10 fM, 2 fM in 2 M der Null-Rd.
9. R: 1 M überspringen, 9/11/11 fM, 2 fM in 2 M der Null-Rd.
10. R: 1 M überspringen, 10/12/12 fM, 2 fM in 2 M der Null-Rd.
11.-14. R: 2 M überspringen, 10/12/12 fM, 2 fM in 2 M der Null-Rd.
15. R: 1 M überspringen, 11/13/13 fM, 2 fM in 2 M der Null-Rd.
16. R: 1 M überspringen, 12/14/14 fM, 2 fM in 2 M der Null-Rd.
17.-18./17.-20./17.-22. R: 2 M überspringen, 12/14/14 fM, 2 fM in 2 M der Null-Rd.
19./21./23. R: 2 M überspringen, 12/14/14 fM, 4 fM in 4 M der Null-Rd.
20./22./24. R: 4 M überspringen, 2 Stb, 2 hStb, 8/10/10 fM, 2 fM in 2 M der Null-Rd.
21./23./25. Rd: 4 M überspringen, 2 Stb, 2 hStb, 8 fM.
Für eine schöne Kante fM über den hinteren Teil der Null-Rd und über die vordere gehäkelte Kante arb. Mit 1 Km schließen. Den Faden abschneiden und durch die M ziehen.

Ohr (4x)

In Elephant 3 Lm + 1 Wende-Lm anschl. Weiter in R häkeln. Am Ende jeder R mit 1 Lm wenden.
1.-3. R: 3 fM häkeln.
4. R: 1 fM, 1 M verdoppeln, 1 fM (= 4 M).
5.-7. R: 4 fM häkeln.
8. R: 1 fM, 2 fM zusammen abmaschen, 1 fM (= 3 M).
9.-10. R: 3 fM häkeln.
11. R: 2 fM zusammen abmaschen, 1 fM (= 2 M).
12. R: 2 fM.
13. R: 2 fM zusammen abmaschen.
Den Faden abschneiden und durch die letzte M ziehen.
Noch 1 Ohr in Elephant und 2 Ohren in Rose ebenso häkeln.
Den 2. Bottie® ebenso häkeln.

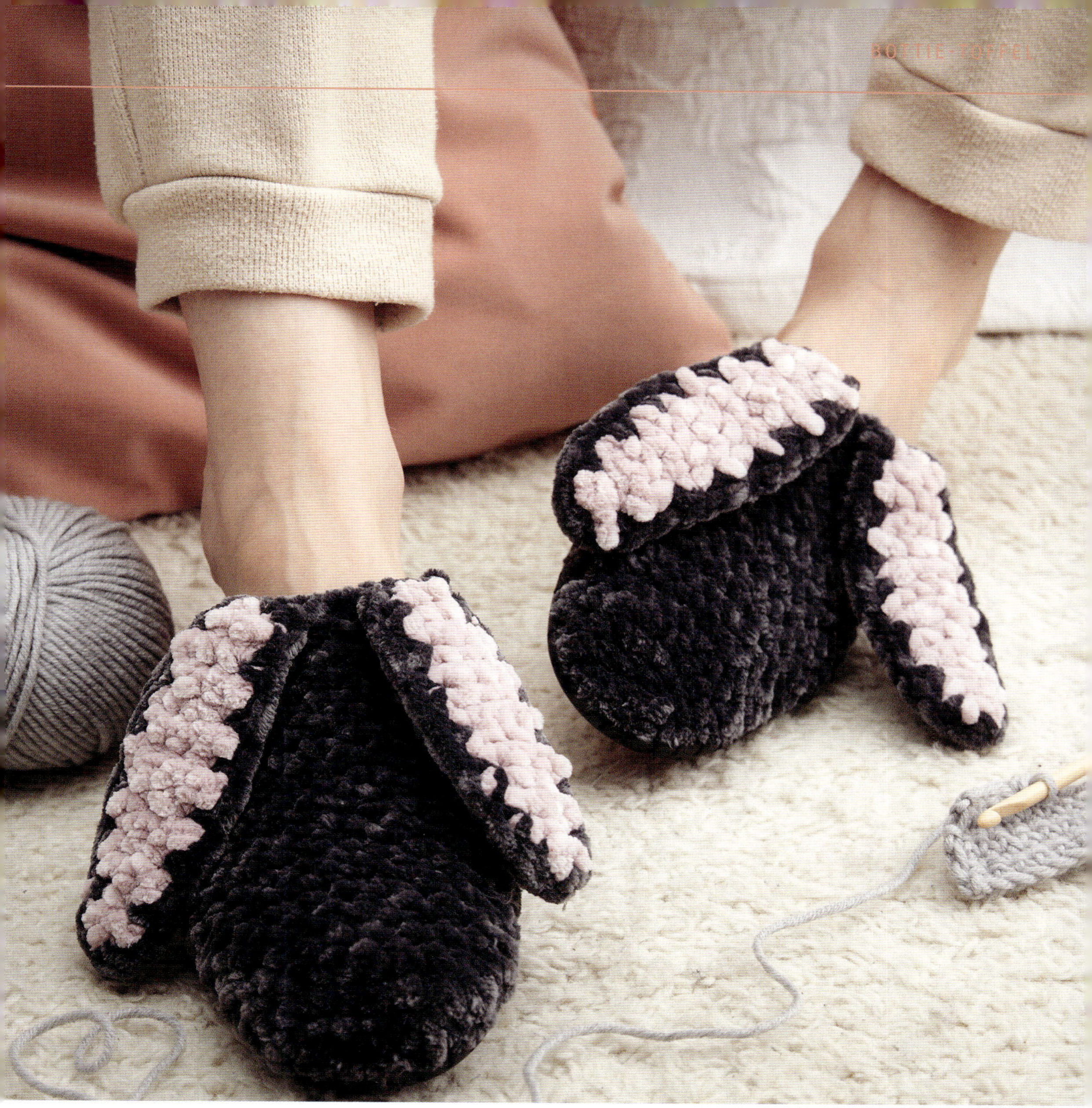

Fertigstellen

Je 1 Ohr in Elephant und 1 Ohr in Rose deckungsgleich übereinanderlegen und in Elephant mit fM zusammenhäkeln. Die Ohren in Elephant mit Km an die Vorderkante des Oberteils häkeln. Nach Wunsch die Ohren am Oberteil fixieren und die Webetiketten annähen. Die Filzsohlen in die Botties® einlegen. Alle Fäden vernähen.

Fransenverliebt

Eyecatcher in starken Farben

GRÖSSE

37-38/39-40/41-42

Die Angaben für die verschiedenen Größen sind durch Schrägstriche getrennt. Steht nur eine Angabe, gilt diese für alle Größen.

Das Modell ist in Größe 41-42 gearbeitet.

MATERIAL

- Schachenmayr Cotton Jersey (LL 74 m/100 g) in Gold (Fb 22) und Eisblau (Fb 52), je 100 g
- Häkelnadel 5,0 mm
- 1 Paar Botties® BASIC EDITION
- Wollnadel

ggf. zum Häkeln der Null-Runde:

- Häkelnadeln 2,5 mm und 3,5 mm
- Botties® Nullrundengarn in Schwarz, 14 m

MASCHENPROBE

fM in R mit Nd 5,0 mm
12 M und 14 R
= 10 cm x 10 cm

Anleitung

Nach der Null-Rd und 1 Rd in Gold und Eisblau die Riemchen von hinten aus anhäkeln. Zum Schluss Fransen einknüpfen.

Botties®-Sohle

0. Rd: Die Null-Rd nach der Grundanleitung (siehe „So wird's gemacht") häkeln oder sticken.
In Eisblau in der hinteren Mitte anschlingen.
1. Rd: Weiter die Fäden in Eisblau und Gold über den Finger laufen lassen und wie folgt im Wechsel 1 fM in Eisblau und 1 fM in Gold häkeln: * Den Faden in Eisblau holen. Es liegen 2 Schlingen in Eisblau auf der Nd. Den Faden in Gold holen und durch beide Schlingen ziehen. In die nächste M einstechen, den Faden in Gold holen und durch die M ziehen. Es liegen 2 Schlingen in Gold auf der Nd. Den Faden in Eisblau holen und durch beide Schlingen ziehen. In die nächste M einstechen, ab * fortlaufend wdh, bis alle Sohlen-M der Null-Rd behäkelt sind. Mit 1 Km schließen. Beide Fäden abschneiden und durch die letzte M ziehen.

Riemchen

Von der hinteren Mitte aus jeweils 15/16/17 M unbehäkelt lassen. An der rechten Seite in der 16./17./18. M in Gold neu anschlingen. 18/19/20 Lm häkeln, auf der gegenüberliegenden Seite in die 16./17./18. Sohlen-M von außen 1 Relief-fM von hinten häkeln, weiter 1 Relief-fM von hinten in die nächste Sohlen-M (Richtung Schuhspitze) häkeln.
Weiter in R häkeln, dabei nach dem Häkeln der 2 Relief-fM in die Sohlen-M stets wenden.
1. R: 2 M überspringen, 18/19/20 fM in die Lm-Kette, 2 Relief-fM von vorne in die Sohlen-M.
2. R und alle Rückr: 2 M überspringen, fM bis zum R-Ende häkeln, 2 Relief-fM von hinten in die Sohlen-M.
3. R: 2 M überspringen, die ersten und letzen beiden fM zusammen abmaschen, 2 Relief-fM von vorne in die Sohlen-M.
Die 2. und 3. R noch 3/4/4x wdh (= 10/9/10 M).

Größe 37-38:
Die 2. R noch 1x wdh, dabei die ersten 2 fM zusammen abmaschen (= 9 M).
Den Faden abschneiden und durch die letzte M ziehen.
Den 2. Bottie® ebenso häkeln.

Fertigstellen

Für die Fransen in Eisblau für jeden Bottie® 11/12/13 Fäden von 18/20/20 cm Länge abschneiden. Jeweils 1 Faden zur Hälfte legen und mit der Häkelnd von vorne aus gesehen mittig in die drittletzte R des Riemchens einknüpfen. Die Fransen auf gleiche länge schneiden. Nach Belieben die Webetiketten annähen. Die Filzsohlen in die Botties® legen. Alle Fäden vernähen.

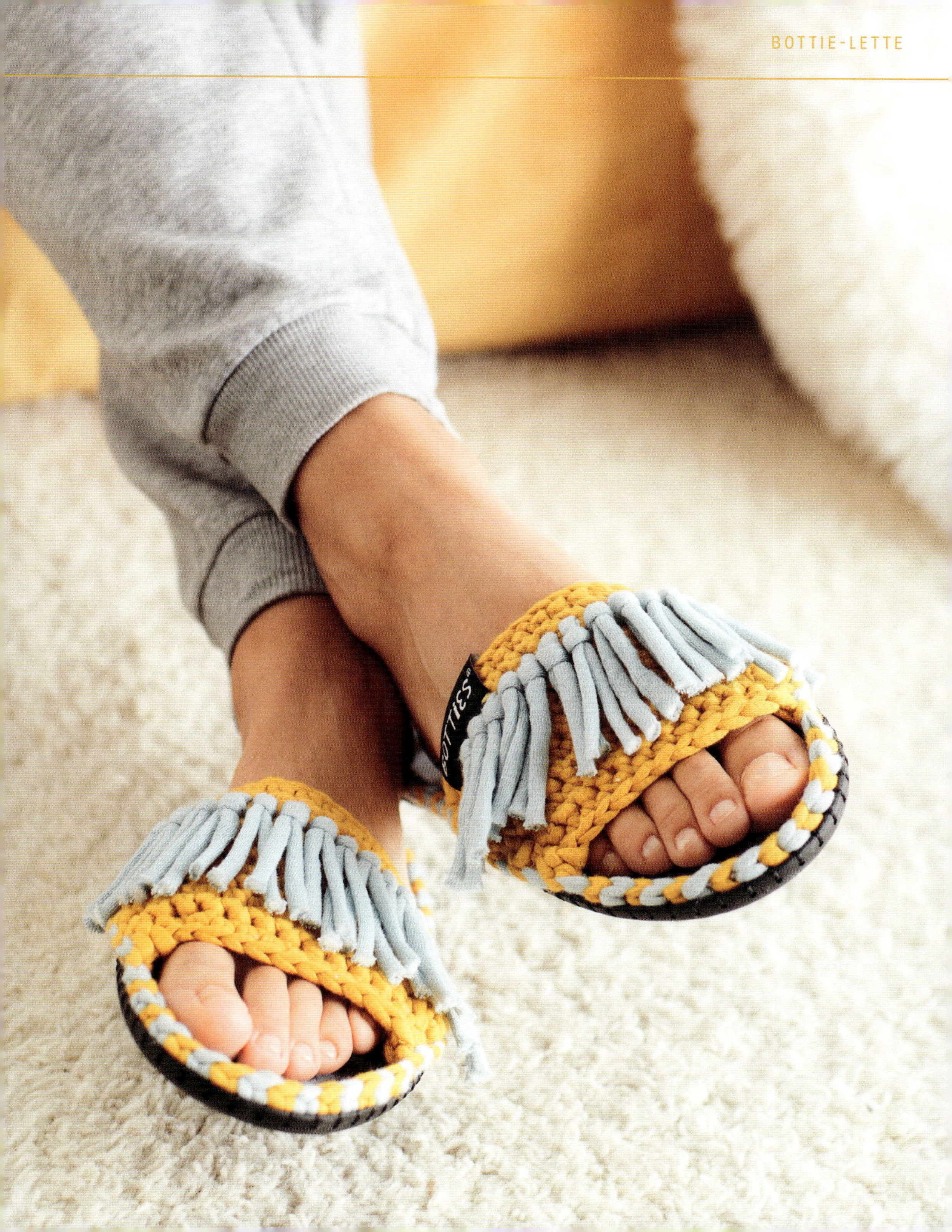
BOTTIES®

Knaller-Kontraste

die Sohle toll hervorgehoben

GRÖSSE

37-38/39-40/41-42

Die Angaben für die verschiedenen Größen sind durch Schrägstriche getrennt. Steht nur eine Angabe, gilt diese für alle Größen.

Das Modell ist in Größe 39-40 gearbeitet.

MATERIAL

- Woll Butt Ida Uni (LL 60 m/50 g) in Marine (Fb 264.76), Natur (Fb 264.81) und Burgund (Fb 264.75), je 50 g
- Häkelnadel 5,0 mm
- 1 Paar Botties® BASIC EDITION
- Wollnadel

ggf. zum Häkeln der Null-Runde:

- Häkelnadeln 2,5 mm und 3,5 mm
- Botties® Nullrundengarn in Schwarz, 14 m

MASCHENPROBE

fM in R mit Nd 5,0 mm
13 M und 16 R
= 10 cm x 10 cm

Anleitung

Nach der Null-Rd noch 3 weitere Rd an die Botties®-Sohle häkeln. Dann das Oberteil von hinten nach vorn anhäkeln.

Botties®-Sohle

0. Rd: Die Null-Rd nach der Grundanleitung (siehe „So wird's gemacht") häkeln oder sticken.
In Natur den Faden in der hinteren mittleren M anschlingen.
1. Rd: 70/72/74 fM häkeln. Mit 1 Km schließen.
2. Rd (Burgund): 70/72/74 fM. Mit 1 Km schließen.
3. Rd (Natur): 70/72/74 fM. Mit 1 Km schließen.
Den Faden abschneiden und durch die letzte M ziehen.

Oberteil

Von der hinteren Mitte aus jeweils 9/9/10 M zu den Seiten unbehäkelt lassen. An der linken Seite in der 10./10./11. M in Marine neu anschlingen. Weiter fM in R häkeln. Am Ende jeder R mit 1 Lm wenden.
1. R: 52/54/54 fM häkeln.

Größe 37-38:

2. R: Die 1. und 2., 23. und 24., 29. und 30. und die 51. und 52. M zusammen abmaschen (= 48 M).
3. R: Die 1. und 2., 21. und 22., 27. und 28. und die 47. und 48. M zusammen abmaschen (= 44 M).
4. R: Die 1. und 2., 19. und 20., 21. und 22., 23. und 24., 25. und 26. und die 43. und 44. M zusammen abmaschen (= 38 M).
5. R: Die 16. und 17., 18. und 19., 20. und 21. und die 22. und 23. M zusammen abmaschen (= 34 M).
6. R: Die 14. und 15., 16. und 17., 18. und 19. und die 20. und 21. M zusammen abmaschen (= 30 M).
7. R: Die 12. und 13., 14. und 15., 16. und 17. und die 18. und 19. M zusammen abmaschen (= 26 M).

Größe 39-40 und 41-42:

2. R: Die 1. und 2., 24. und 25., 30. und 31. und die 53. und 54. M zusammen abmaschen (= 50 M).
3. R: Die 1. und 2., 22. und 23., 28. und 29. und die 49. und 50. M zusammen abmaschen (= 46 M).
4. R: Die 1. und 2., 20. und 21., 22. und 23., 24. und 25., 26. und 27. und die 45. und 46. M zusammen abmaschen (= 40 M).
5. R: Die 17. und 18., 19. und 20., 21. und 22. und die 23. und 24. M zusammen abmaschen (= 36 M).
6. R: Die 15. und 16., 17. und 18., 19. und 20. und die 21. und 22. M zusammen abmaschen (= 32 M).
7. R: Die 13. und 14., 15. und 16., 17. und 18. und die 19. und 20. M zusammen abmaschen (= 28 M).

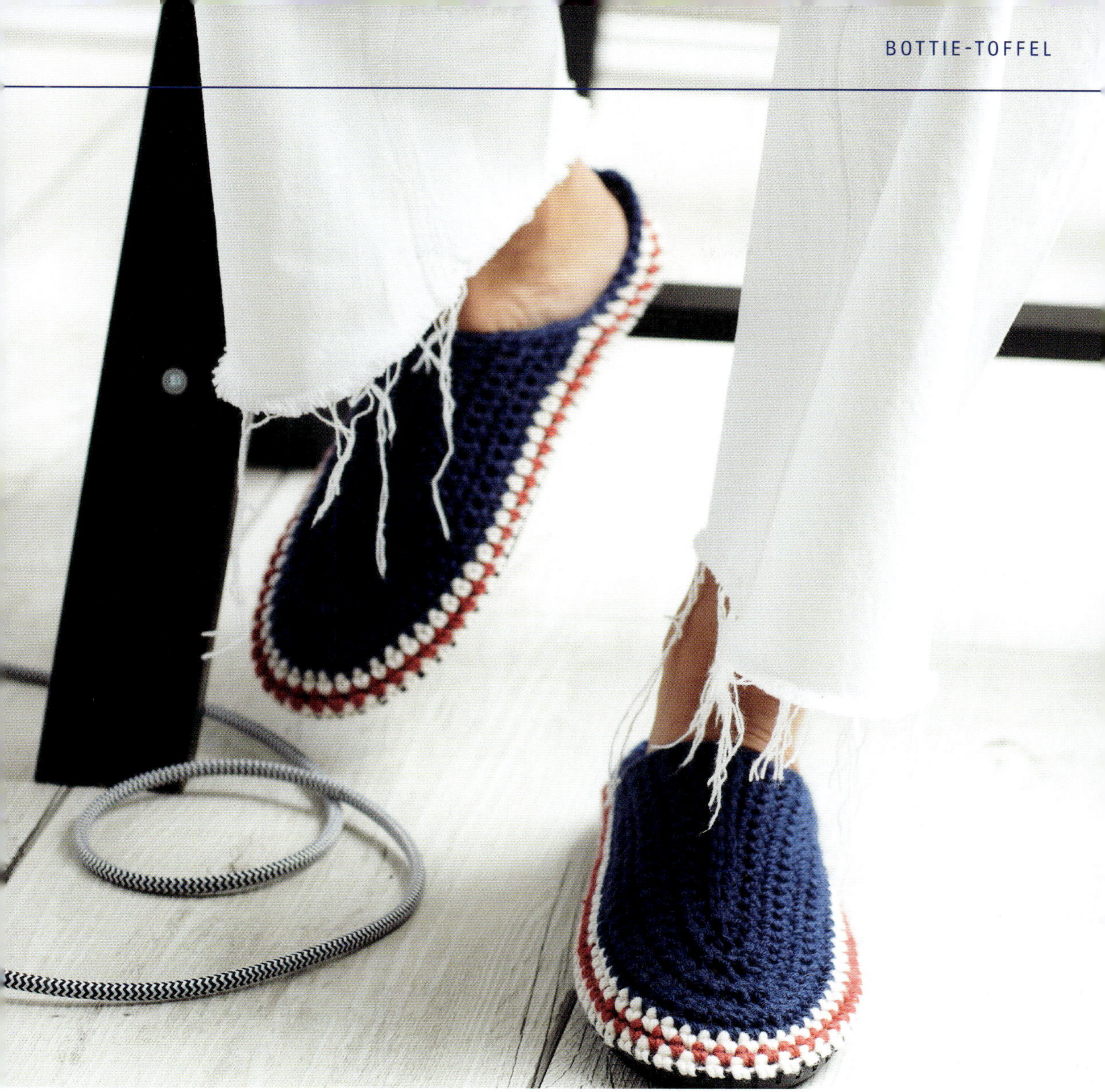

Alle Größen:

8. R: Zum Schließen des Oberteils zuerst in die 1. M der letzten Rd, dann in die letzte M der letzten Rd einstechen und 1 Km häkeln. Weiter jeweils die nächsten beiden gegenüberliegenden M mit 1 Km zusammenhäkeln. Auf diese Weise die obere Öffnung schließen. Den Faden abschneiden und durch die letzte M ziehen. In Marine in der hinteren Mitte anschlingen und 1 Rd fM um die offene Kante nähen.

Den 2. Bottie® ebenso häkeln.

Fertigstellen

Nach Belieben die Webetiketten annähen. Die Filzsohlen in die Botties® einlegen. Alle Fäden vernähen.

Perfect Match: Streifen trifft Noppe

mutiger Mustermix für Super-Sohlen

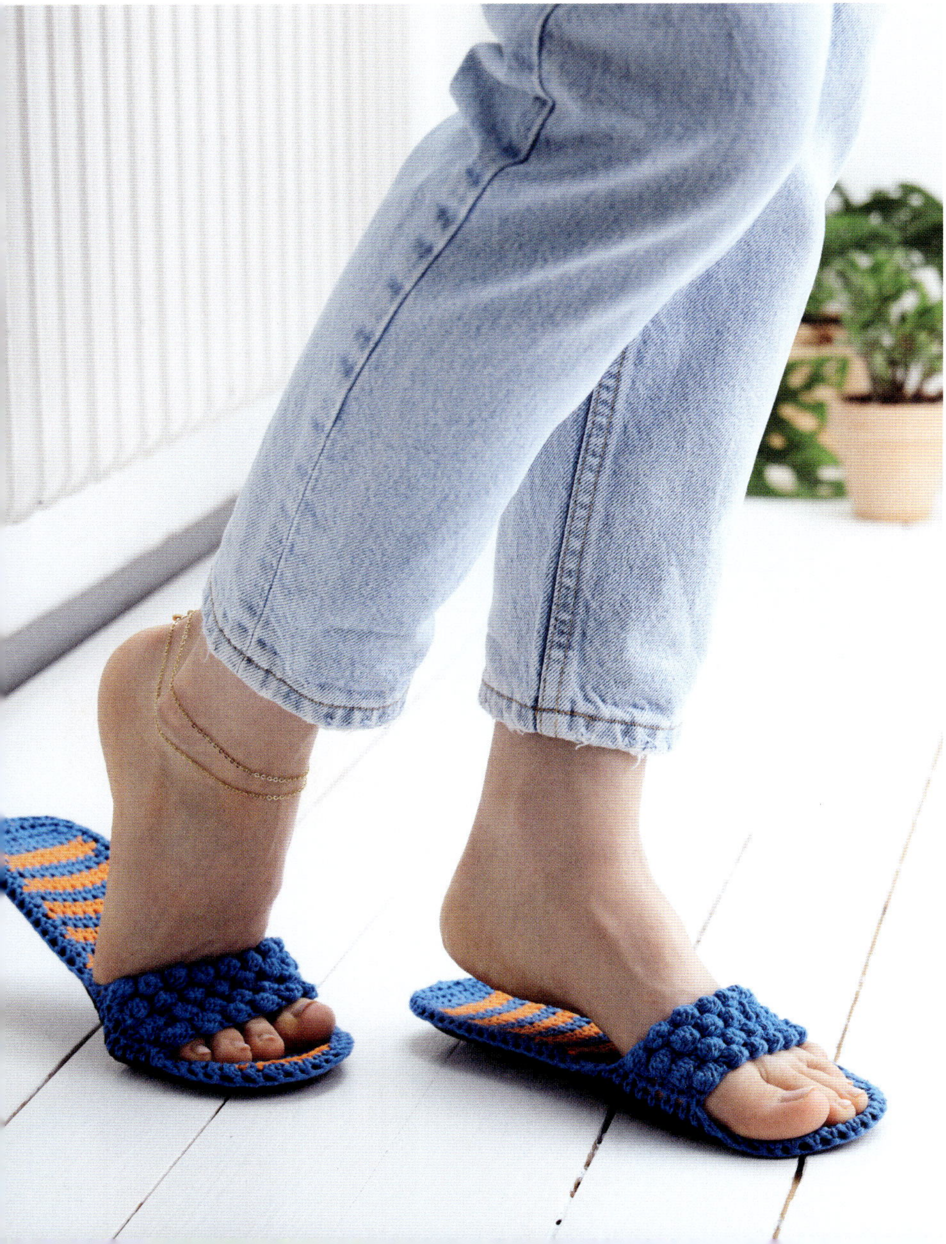

GRÖSSE

37-38/39-40/41-42

Die Angaben für die verschiedenen Größen sind durch Schrägstriche getrennt. Steht nur eine Angabe, gilt diese für alle Größen.

Das Modell ist in Größe 37-38 gearbeitet.

MATERIAL

- Woll Butt Topflappengarn Uni (LL 85 m/50 g) in Blau (Fb 132.75) und Orange (Fb 132.70), je 50 g
- Häkelnadel 4,0 mm
- 1 Paar Botties® BASIC EDITION
- Wollnadel

ggf. zum Häkeln der Null-Runde:

- Häkelnadeln 2,5 mm und 3,5 mm
- Botties® Nullrundengarn in Schwarz, 14 m

MASCHENPROBE

fM in R mit Nd 4,0 mm
18 M und 20 R
= 10 cm x 10 cm

Streifenfolge

2 R in Blau und 2 R in Orange im Wechsel häkeln.

Anleitung

Nach der Null-Rd eine Häkelsohle anfertigen, alle Sohlen verbinden und die Riemchen von hinten aus anhäkeln.

Botties®-Sohle

0. Rd: Die Null-Rd nach der Grundanleitung (siehe „So wird's gemacht") häkeln oder sticken.

Häkelsohle

In Blau 8 Lm + 1 Wende-Lm anschl. Weiter von hinten nach vorne in R häkeln, dabei die Streifenfolge einhalten und am Ende jeder R mit 1 Lm wenden.

1. R: Ab der 2. Lm ab Nd 8/9/11 fM häkeln.

2. Rd: 1 fM verdoppeln, 6/7/9 fM, 1 fM verdoppeln (= 10/11/13 M).

3.-20./3.-21./3.-22. Rd: fM häkeln.

21./22./23. R: 1 fM verdoppeln, 8/9/11 fM, 1 fM verdoppeln (= 12/13/15 M).

22.-25./23.-26./24.-27. R: fM häkeln.

26./27./28. R: 1 fM verdoppeln, 10/11/13 fM, 1 fM verdoppeln (= 14/15/17 M).

27.-36./28.-38./29.-40. R: fM häkeln.

37./39./41. R: 2 fM zusammen abmaschen, 10/11/13 fM, 2 fM zusammen abmaschen (= 12/13/15 M).

38.-41./40.-43./42.-45. R: fM häkeln.

42.-44./44.-46./46.-48. R: Die ersten und die letzten 2 fM zusammen abmaschen (= 6/7/9 M).

Den Faden abschneiden und durch die letzte M ziehen.

Alle Sohlen verbinden

An der hinteren Mitte der Häkelsohle in Blau neu anschlingen. 1 Steige-Lm und 1 Rd fM häkeln (= ca. 80/86/92 M). Als Faustregel häkelt man im Wechsel in 4 Rdm 3 fM und in 3 Rdm 2 fM. Die Rd mit 1 Km schließen. In der nächsten Rd die Häkelsohle mit der Botties®-Sohle zusammenhäkeln. Dafür die beiden Sohlen deckungsgleich übereinanderlegen, dabei liegt die Häkelsohle oben. 1 Steige-Lm häkeln. Nun zuerst in die Botties®-Sohle und dann in die Häkelsohle einstechen und mit fM zusammenhäkeln, dabei gleichmäßig verteilt 10/14/18x 2 M der Häkelsohle in 1 M der Null-Rd zusammen abmaschen und die Filzsohle einlegen. Mit 1 Km schließen.

Riemchen

In Blau an der Sohle auf Höhe des 7. Streifens in Orange (von der Ferse aus gesehen) auf der linken Seite neu anschlingen. 19/21/21 Lm anschl, auf der gegenüberliegenden Seite in die nächsten beiden folgenden Sohlen-M je 1 fM häkeln, wenden. Weiter in R häkeln, dabei nach dem Häkeln der 2 fM in die Sohlen-M stets wenden.

1. R: 2 M überspringen, 19/21/21 fM in die Lm-Kette häkeln, 2 fM in die Sohlen-M.

2. R: 2 M überspringen, * 1 fM, 1 Noppe (= 5 Stb zusammen abmaschen), ab * fortlaufend wdh, enden mit 1 fM, 2 fM in die Sohlen-M.

3. R: 2 M überspringen, 19/21/21 fM, 2 fM in die Sohlen-M.

4. R: 2 M überspringen, 1 fM, * 1 fM, 1 Noppe, ab * fortlaufend wdh, enden mit 2 fM, 2 fM in die Sohlen-M.

5. R: 2 M überspringen, 2 fM zusammen abmaschen, fM häkeln, die letzten 2 fM zusammen abmaschen, 2 fM in die Sohlen-M (= 17/19/19 M).

6. R: Wie die 4. R häkeln.

7. R: Wie die 5. R häkeln (= 15/17/17 M).

8. R: Wie die 4. R häkeln.

Den Faden abschneiden und durch die letzte M ziehen.

Den 2. Bottie® ebenso häkeln.

Fertigstellen

Alle Fäden vernähen.

> **Mein Tipp für Sie**
>
> **Größe anpassen** Für breitere Füße die Anzahl der M für das Riemchen jeweils um 2 M vergrößern bzw. für besonders schmale Füße die M-Zahl verringern.

Mach mal Mokassin

Eleganz für die Füße

GRÖSSE
37-38/39-40/41-42

Die Angaben für die verschiedenen Größen sind durch Schrägstriche getrennt. Steht nur eine Angabe, gilt diese für alle Größen.

Das Modell ist in Größe 39-40 gearbeitet.

MATERIAL

- Schachenmayr Cotton Jersey (LL 74 m/100 g) in Gold (Fb 22), 200 g
- Häkelnadel 5,0 mm
- 1 Paar Botties® BASIC EDITION
- Wollnadel
- 2 Knöpfe, ø ca. 18 mm
- farblich passendes Nähgarn

ggf. zum Häkeln der Null-Runde:

- Häkelnadeln 2,5 mm und 3,5 mm
- Botties® Nullrundengarn in Schwarz, 14 m

MASCHENPROBE
fM in R mit Nd 5,0 mm
12 M und 14 R
= 10 cm x 10 cm

Anleitung

Nach der Null-Rd noch 1 Rd und 1 verkürzte R an die Botties®-Sohle häkeln. Dann das Oberteil von vorn nach hinten anhäkeln. Zum Schluss die Knopfblenden anfertigen.

Botties®-Sohle

0. Rd: Die Null-Rd nach der Grundanleitung (siehe „So wird's gemacht") häkeln oder sticken.
In Gold in der 11. M von der hinteren Mitte aus anschlingen. In der 12. M mit dem Häkeln beginnen.
1. Rd: 70/72/74 fM häkeln. Mit 1 Km schließen.
2. R: 2 Steige-Lm, 48/50/50 hStb häkeln. Die restlichen M bleiben unbehäkelt.
Den Faden abschneiden und durch die letzte M ziehen.

Oberteil

Von vorne nach hinten in R häkeln. Den Faden 2 M rechts der vorderen Mitte neu anschlingen. Weiter in R häkeln, dabei nach dem Häkeln der 2 Relief-fM in die Sohlen-M stets wenden.
1. R: 4 Relief-fM von hinten in die vorderen mittleren Sohlen-M, 2 Relief-fM von hinten in 2 Sohlen-M.
2. R: 2 M überspringen, 4 fM, 2 Relief-fM von vorne in 2 Sohlen-M.
3. R: 2 M überspringen, 4 fM, 2 Relief-fM von hinten in 2 Sohlen-M.
4.-6. R: Die 2.+3. R 1x wdh, die 2. R noch 1x wdh.
7. R: 1 M überspringen, 5 fM, 2 Relief-fM von hinten in 2 Sohlen-M.
8. R: 1 M überspringen, 6 fM, 2 Relief-fM von vorne in 2 Sohlen-M.
9. R: 2 M überspringen, 6 fM, 2 Relief-fM von hinten in 2 Sohlen-M.
10. R: 2 M überspringen, 6 fM, 2 Relief-fM von vorne in 2 Sohlen-M.
11.+12. R: Die 9.+10. R noch 1x wdh.
13. R: 1 M überspringen, 7 fM, 2 Relief-fM von hinten in 2 Sohlen-M.
14. R: 1 M überspringen, 8 fM, 2 Relief-fM von vorne in 2 Sohlen-M.
15. R: 2 M überspringen, 8 fM, 2 Relief-fM von hinten in 2 Sohlen-M.
16. R: 2 M überspringen, 8 fM, 2 Relief-fM von vorne in 2 Sohlen-M.
17. R: Wie die 15. R arb.

Größe 37-38:
18. R: 2 M überspringen, 2 fM, 1 hStb, 2 Stb, 1 hStb, 2 fM, 2 Relief-fM von vorne in 2 Sohlen-M.
19. R: 2 M überspringen, 3 fM, 1 Lm, 2 Stb, 1 Lm, 3 fM, 2 Relief-fM von hinten in 2 Sohlen-M.

Größe 39-40 und 41-42:
18. R: Wie die 16. R arb.
19. R: 2 M überspringen, 2 fM, 1 hStb, 2 Stb, 1 hStb, 2 fM, 2 Relief-fM von hinten in 2 Sohlen-M häkeln, wenden.
20. R: 2 M überspringen, 3 fM, 1 Lm, 2 Stb, 1 Lm, 3 fM, 2 Relief-fM von vorne in 2 Sohlen-M häkeln.

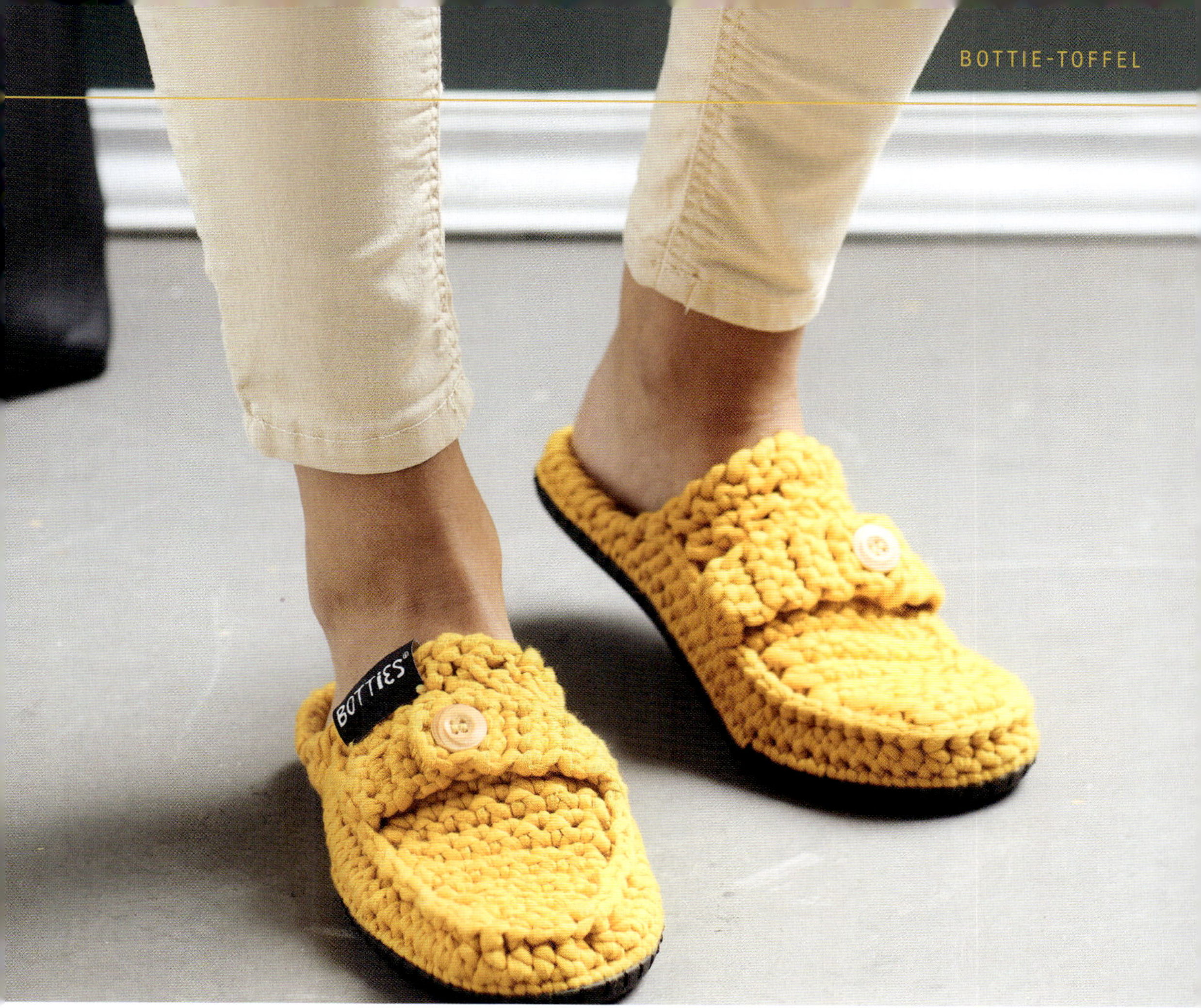

Alle Größen:
Über das Oberteil und den hinteren Rand 1 Rd Krebsm häkeln. Dabei mit 1 Steige-Lm beginnen und 1 Km schließen. Den Faden abschneiden und durch die letzte M ziehen.

Knopfblenden

Für die 1. Knopfblende auf Höhe der 13. R des Oberteils an der rechten Seite in der aufliegenden M neu anschlingen. Weiter in R häkeln. Am Ende jeder R mit 1 Lm wenden.

1. R: 3 fM, dabei die 1. fM in die Anschling-M häkeln.
2.–7. R: Jeweils 3 fM häkeln.
8. R: 1 fM, 1 Lm, 1 M überspringen (= Knopfloch), 1 fM.
9. R: 3 fM häkeln.
Den Faden abschneiden und durch die letzte M ziehen.
Die 2. Knopfblende auf der anderen Seite des Oberteils ebenso, jedoch ohne Knopfloch häkeln.
Den 2. Bottie® gegengleich häkeln.

Fertigstellen

Die Knöpfe jeweils an die vorderen Enden der Knopfblende annähen und den Knopf durch das Knopfloch ziehen. Nach Belieben die Webetiketten annähen. Die Filzsohlen in die Botties® legen. Alle Fäden vernähen.

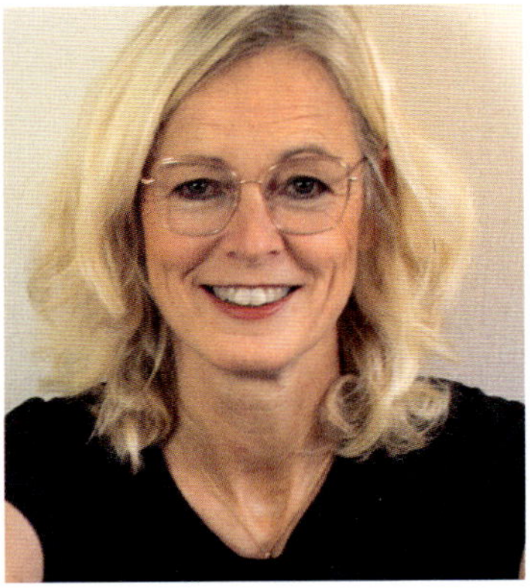

Brigitte Zimmermann strickt und häkelt für ihr Leben gern und hat das große Glück, ihr Hobby zum Beruf gemacht zu haben. Nach 15 Jahren als Produktentwicklerin und -designerin im Bereich Handstrickgarne entwickelt sie nun unter dem Pseudonym „knittygitti" eigene Designs, entwirft Strickteile für Magazine, leitet Workshops und Strickkurse und bietet Lektorate an.

DANKE!

Wir danken den Firmen Botties®, MEZ GmbH und Buttinette GmH für die Unterstützung bei diesem Buch:
www.botties.de
www.schachenmayr.de
www.buttinette.de

Ein weiteres Dankeschön geht an Elke Becker für ihre Mithilfe beim Häkeln. Danke auch an Petra Puster, die mit Argusaugen alle Anleitungen korrigiert hat.

TOPP – Unsere Servicegarantie

WIR SIND FÜR SIE DA! Bei Fragen zu unserem umfangreichen Programm oder Anregungen freuen wir uns über Ihren Anruf oder Ihre Post. Loben Sie uns, aber scheuen Sie sich auch nicht, Ihre Kritik mitzuteilen – sie hilft uns, ständig besser zu werden.

Bei Fragen zu einzelnen Materialien oder Techniken wenden Sie sich bitte an unseren Kreativservice, Frau Erika Noll.

mail@kreativ-service.info
Telefon 07 11/12 37 57 20

Das Produktmanagement erreichen Sie unter:

pm@frechverlag.de
oder:
frechverlag
Produktmanagement
Dieselstraße 5
70839 Gerlingen
Telefon 07 11/8 30 86 68

LERNEN SIE UNS BESSER KENNEN! Fragen Sie Ihren Hobbyfach- oder Buchhändler nach unserem kostenlosen Magazin **Meine kreative Welt.** Darin entdecken Sie dreimal im Jahr die neuesten Kreativtrends und interessantesten Buchneuheiten.

Oder besuchen Sie uns im Internet! Unter **www.topp-kreativ.de** können Sie sich über unser umfangreiches Buchprogramm informieren, unsere Autoren kennenlernen sowie aktuelle Highlights und neue Kreativtechniken entdecken, kurz – die ganze Welt der Kreativität.

Kreativ immer up to date sind Sie mit unserem monatlichen **Newsletter**. Für aktuelle Infos, Gratis-Anleitungen und Gewinnspiele gleich anmelden unter **www.TOPP-kreativ.de/Newsletter**

IMPRESSUM

FOTOS: frechverlag GmbH, 70839 Gerlingen; lichtpunkt, Michael Ruder, Stuttgart
PRODUKTMANAGEMENT: Mareike Upheber
LEKTORAT: Petra Puster, Niederpöcking
COVER: Lena Schmitt
GESTALTUNG: Petra Theilfarth
DRUCK: GPS Group GmbH

1. Auflage 2024

ISBN 978-3-7358-7059-9 • Best.-Nr. 27059

MIX Papier | Fördert gute Waldnutzung FSC® C118234 www.fsc.org

Penguin Random House Verlagsgruppe
FSC® N001967